# SEMINÁRIOS NA CLÍNICA TAVISTOCK

**Blucher**

KARNAC

# SEMINÁRIOS NA CLÍNICA TAVISTOCK

Wilfred R. Bion

Editado por
Francesca Bion

Tradução
Paulo Cesar Sandler

*Authorised translation from the English language edition published by Karnac Books Ltd.*

*Seminários na Clínica Tavistock*

Título original: *The Tavistock Seminars*

© 1990 W. R. Bion, The Estate of W. R. Bion

© 2017 Editora Edgard Blücher Ltda.

**Equipe Karnac Books**

*Editor-assistente para o Brasil* Paulo Cesar Sandler

*Coordenador de traduções* Vasco Moscovici da Cruz

*Revisora gramatical* Beatriz Aratangy Berger

*Conselho consultivo* Nilde Parada Franch, Maria Cristina Gil Auge, Rogério N. Coelho de Souza, Eduardo Boralli Rocha

Os direitos de W. R. Bion como autor desta obra foram acordados segundo os parágrafos 77 e 78 do Copyright Design and Patents Act de 1988.

A editora e o tradutor agradecem pelos rascunhos anteriores, preparados por Vasco Moscovici da Cruz e Estanislau Alves da Silva Filho. As notas para a versão brasileira foram autorizadas pela editora, Francesca Bion.

Apesar de a editora ter feito todos os esforços possíveis, não conseguiu determinar se alguma instituição ou indivíduo detém, ou teria detido, direitos autorais relativos ao Apêndice B – "Entrevista com Anthony G. Banet Jr." – publicado pela primeira vez por University Associates Inc, em *Group & Organization Studies* (Vol. 1, n. 3, setembro de 1976, pp. 268-285). A editora e também The Estate of Wilfred R. Bion ficarão gratos por alguma informação a respeito, para que próximas edições incluam reconhecimentos completos.

# Blucher

Rua Pedroso Alvarenga, 1245, 4º andar
04531-934 – São Paulo – SP – Brasil
Tel.: 55 11 3078-5366
contato@blucher.com.br
www.blucher.com.br

Segundo o Novo Acordo Ortográfico, conforme 5. ed. do *Vocabulário Ortográfico da Língua Portuguesa,* Academia Brasileira de Letras, março de 2009.

É proibida a reprodução total ou parcial por quaisquer meios sem autorização escrita da editora.

Todos os direitos reservados pela Editora Edgard Blücher Ltda.

### FICHA CATALOGRÁFICA

Bion, Wilfred R. (Wilfred Ruprecht), 1897-1979

Seminários na Clínica Tavistock / Wilfred R. Bion ; tradução de Paulo Cesar Sandler. – São Paulo : Blucher, 2017.

176 p.

ISBN 978-85-212-1100-6

Título original: The Tavistock Seminars

1. Psicanálise I. Título. II. Sandler, Paulo Cesar.

16-0986             CDD 150.195

Índice para catálogo sistemático:
1. Psicanálise

# Conteúdo

| | |
|---|---|
| Seminários na Clínica Tavistock | 7 |
| PRIMEIRO SEMINÁRIO 1976<br>28 de junho | 9 |
| SEGUNDO SEMINÁRIO 1977<br>4 de julho | 25 |
| TERCEIRO SEMINÁRIO 1977<br>5 de julho | 47 |
| QUARTO SEMINÁRIO 1978<br>3 de julho | 61 |
| QUINTO SEMINÁRIO 1978<br>4 de julho | 79 |
| SEXTO SEMINÁRIO 1978<br>5 de julho | 85 |

## SÉTIMO SEMINÁRIO 1979
27 de março    107

## OITAVO SEMINÁRIO 1979
28 de março    125

## APÊNDICE A
Extraído de *Verdades Básicas*, por Charles Péguy    137

## APÊNDICE B
Entrevista com Anthony G. Banet Jr.    141

Índice remissivo    165

# Seminários na Clínica Tavistock

Passamos as temporadas de verão, em 1976, 1977 e 1978, em três países europeus: Inglaterra, Itália e França. 1979, marcando o final dos doze anos de nossa estadia na Califórnia, possibilitou-nos visitar Londres em duas ocasiões: março e setembro. Períodos nos quais Bion foi convidado para ministrar catorze seminários, pela diretoria da Clínica Tavistock. Tempos depois, vieram à tona poucas gravações destes seminários em vídeo; infelizmente, de qualidade variável. A despeito destas limitações, mostram imagem clara dos principais temas, e também áreas em psicanálise, importantes para Bion nestes últimos anos de sua vida.

Transferir gravações de palavras para textos impressos não se constitui como processo simples; especialmente quando o orador se expressa de improviso – como Bion sempre fez. Faz-se necessário manter um foco que transmita o estilo e as características pessoais manifestadas nos trabalhos escritos pelo mesmo

8  SEMINÁRIOS NA CLÍNICA TAVISTOCK

orador. Minhas alterações, sem exceção, ficam em conformidade com tal objetivo.

Francesca Bion

# PRIMEIRO SEMINÁRIO 1976

# 28 de junho

*[O vídeo mostra o vestuário utilizado por Bion neste ano, marcado*
*por número recorde de secas e ondas de calor; substituiu suas*
*costumeiras camisa de mangas compridas, gravata borboleta e*
*paletó por camisas de mangas curtas, abertas no pescoço.]*

Bion: Levei muito tempo para me dar conta de que se submeter
a uma psicanálise constitui experiência realmente traumática. A
recuperação demanda muito tempo. Em medicina, normalmente
se passa por um período de convalescença; se houver sorte, espera-
-se colher algum benefício daquilo que é um impingir de violência física. Apresentaram-me uma concepção: psicanálise não faz
esse tipo de violência – e, gradualmente, no decorrer do tempo,
incrementa-se a melhora. No entanto, não me parece que tal ideia
seja plenamente adequada. Apareceu há muito tempo, antes que
eu pudesse sentir "onde" se encontraria tal violência. Que tipo de
nicho ocupava no peculiar universo, ou domínio, que chamamos
"psicanálise" – por falta de melhor palavra. Não posso dizer que

tenha ido longe nessa linha de pensamento. Parte da dificuldade se deve ao fato de tomarmos de empréstimo muitas terminologias para fazermos uma tentativa em formular nossa própria linguagem. Advindas de ciências, religiões e atividades estéticas, o empréstimo tornou-se necessário por inexistir linguagem adequada para o domínio extraordinário, "psicanálise". No entanto, estou convencido de que *existe* tal domínio; realmente, é razoável que o chamemos de mente; ou caráter; ou personalidade. No entanto, há um problema: temos que usar uma moeda corrompida, uma linguagem cujo alcance foi perdido. Em grande parte, perdeu a essência – considerando-se nossa necessidade, a de que precisamos fazer um uso muito específico dessa linguagem.

Freud descreveu uma situação de sofrimento: amnésia. Uma lacuna, um espaço onde deveria haver algum tipo de memória – a pessoa passa a preencher tal lacuna com paramnésias. Um tipo de ideia lucrativa, de bom funcionamento. No entanto, à medida que vamos nos acostumando a ouvir a respeito de psicoterapias e de psicanálise, questiona-se sobre a possível existência de ainda outra grande lacuna – não se trata de amnésia. Devido à enorme imprecisão no vocabulário, sequer sabemos como denominar essa outra lacuna. De qualquer forma, quando ficamos perdidos, inventamos alguma coisa para preencher o vácuo de nossa ignorância – uma área enorme, na qual precisamos nos mover: a da ausência do conhecer. Quanto mais assustadora fica a lacuna, mais terrificante será perceber o quanto somos ignorantes; mesmo quando se requer algo simples, elementar para sobrevivência, haverá enorme pressão, externa e interna, para preencher-se a lacuna. Pode-se fazer isso perfeitamente bem – pode-se multiplicar teorias, em arte e religião. A única coisa necessária, quando se está totalmente perdido, é perguntar a si mesmo o que ocorre consigo, individualmente; qualquer um agradecerá ao se engrenar a um sistema qualquer, ou conseguir agarrar-se a seja lá o que estiver disponível para construir um tipo de estrutura. A partir desse ponto de vista, parece-me possível argumentar de que o todo da psicanálise preenche um desejo há muito sentido, de ser um vasto sistema Dionisíaco. Quando não sabemos o que ocorre, inventamos essas teorias. Construímos gloriosa estrutura, totalmente isenta de fundamento na realidade – a única realidade com algum fundamento é a realidade da nossa completa ignorância; de nossa falta de capacidade.

No entanto, esperamos que isso não esteja desconectado do fato de que teorias psicanalíticas poderiam lembrar-nos da vida real, em algum instante. Como bons romances e boas peças de teatro nos recordam a respeito de como nós, seres humanos, nos comportamos. Leonardo possuía uma capacidade: desenhar algo que nos lembra da aparência dos seres humanos. Caso observemos os cadernos desenhados por Leonardo, poderemos ver esboços sobre cabelos, ou sobre águas turbulentas: tentativas de representação estética do mesmo tipo de turbulência à qual me refiro.

Sem perder tudo isso de nossas vistas – os fatos sobre nossa ignorância e de que temos de tentar fazer incursões no universo em que vivemos através destes vários métodos – científicos, religiosos, artísticos – poderemos continuar multiplicando o número de abordagens que fazemos individualmente. Constituiremos desse modo nossa pequena contribuição individual para arranhar um espaço, por menor que seja, no enorme material que desconhecemos.

Faço a hipótese de que houve permissão para biólogos, e outros, falarem sobre o sexo. No entanto, lembremo-nos do furor causado pela sugestão, através de Freud, sobre a enorme parte desempenhada pelo sexo. O próprio fato de que Freud tenha sido capaz de fazer tal sugestão teve um efeito: pudemos ver que a maior parte do desenvolvimento da psicanálise foi feito em termos de efeitos biológicos. Este modo de ver mostrou-se adequado para Mendel,

12 PRIMEIRO SEMINÁRIO 1976

cujo trabalho promulgou leis de hereditariedade – uma questão
de tautologia: hoje em dia, falamos de uma "herança mendeliana". No entanto, penso que nos encontramos em uma situação um
tanto difícil quando supomos que existe algo que denominamos,
mente; supomos que todos nós possuímos uma mente, ou alma,
ou psique, ou qualquer outro nome que se lhe dê – temos que falar
desse modo por falta de vocabulário mais adequado. A partir do
momento em que possamos reconhecer tal situação, perceberemos
haver uma lacuna, não totalmente vazia. Empréstimos da biologia
falham, quando consideramos questões da mente e de transmissão
de ideias. Precisamos acrescentar algo além da herança biológica, esse mito mendeliano de propagação aplicado ao mundo das
ideias, no qual transmite-se características de uma geração para
a seguinte; ou para gerações subsequentes. Poderíamos dizer que
há genótipos – herança genética – e também fenótipos – transmissão das aparências. Ensinaram-me a crer que características
adquiridas não seriam transmissíveis; em outras palavras, que as
características genéticas, mendelianas, seriam as únicas passíveis
de transmissão. Não penso que assim seja, nem mesmo de modo
mínimo; penso haver, inequivocamente, um modo para transmi-
tir-se *ideias*. Um indivíduo gera, por assim dizer, para outro indivíduo, que agora abriga sinais ou sintomas destes fenomas – estou
inventando uma palavra para descrever as partículas transmitidas,
e que continuam a ser transmitidas: pode-se imaginar uma situação tal, em que uma nação inglesa, afetada por Shakespeare, obtém características transmitidas, de algum modo – não de formas
óbvias, por livros e similares, como se poderia supor. Recordo-me
de John Rickman, relatando sobre sua experiência na estação fer-
roviária em Nova Iorque. Um soldado se aproximou, dizendo: "O
senhor esteve em Northfield, não é?". Frente à resposta afirmati-
va de Rickman, o soldado replicou: "Para mim, foi a experiência
mais extraordinária que tive – era igual a estarmos em uma uni-

versidade". Até o ponto que soubéssemos, tratava-se de alguém desesperançado em chegar a uma universidade – em função de condições culturais, educacionais e financeiras; todas elas, desfavoráveis. Aquela experiência, provavelmente, foi sua única oportunidade em termos de formação. Por motivos desconhecidos para mim, dentre todos que estiveram em Northfield,[1] foi apenas para essa pessoa na qual transmitiu-se essa ideia que mudou sua postura na vida – certamente soou como se tivesse mudado. O que quer que tenha acontecido aos mimados de minha geração em Oxford e Cambridge, permitira que pudessem passar pela universidade sem ter a menor ideia do que era, realmente, uma universidade. Mas um homem, que sequer teve a possibilidade de saber o que era uma universidade, quase certamente o sabia. Somos levados a supor que algo aconteceu a um indivíduo; na sequência, esse "algo" foi transmitido em outro lugar; mas as leis da herança mendeliana não se aplicam a isso – outras leis, sim, como a dos fenótipos e fenomas.

Em psicanálise, pode-se ver isso de modo íntimo e detalhado. No entanto, não estou certo de que incrementos na profundidade de observação – algo possível quando se está intimamente em contato com outra pessoa – dir-nos-á muito sobre essa outra forma de transmissão. Realmente, fica muito difícil saber qual efeito teria uma análise sobre um indivíduo. Algumas pessoas certamente parecem capazes de levar a experiência a um bom fim. No entanto, penso que, em muitos casos, trata-se de algo puramente efêmero –

---

1 *Experiences in groups*, lançado pela primeira vez em 1961, por Tavistock Publications, e reimpresso muitas vezes, por Karnac Books. Refere-se ao tempo (cerca de três meses) que originou o trabalho hoje conhecido como Dinâmica de Grupos, descoberto por W. R. Bion, em conjunto com John Rickman: uma aplicação das teorias de Freud e Melanie Klein ao comportamento de pequenos grupos, em interação com o macrogrupo circundante. [N.T.]

14 PRIMEIRO SEMINÁRIO 1976

parece que ocorre uma "cura". Podemos usar este termo, "cura", mas não possui realidade duradoura, nem qualquer significado particular – em contraste com as características básicas e fundamentais transmitidas de acordo com as leis de Mendel. Poderíamos dizer: "A Amostra A é um ser humano; a Amostra B é um tigre, um gato, ou uma ovelha". Parecem existir certos aspectos fundamentais que seguem leis de herança mendeliana. As outras leis (se é que existe alguma) ainda precisam ser descobertas. Tomando-se um grupo de pessoas – como, por exemplo, aquelas em Northfield – poder-se-ia detectar, através do tempo, qual tipo de percurso teria seguido uma ideia, por alguém que pareceria ser parte do pensar. Em função disto, pessoas que observam grupos podem ter a oportunidade de ver alguma forma desse tipo de herança.

Voltando ao ponto de vista psicanalítico: é útil falar sobre "transferência" e "contratransferência". Ou, como colocou Winnicott, sobre um objeto transicional; que está em transição, na passagem de sabe Deus onde, para sabe Deus o quê; do esquecimento à amnésia – aquele pedacinho entre eles que poderia ser preenchido dizendo "relação transferencial" e "contratransferencial"; mas penso que terá de ser preenchido com algo além disso. Pois não se pode determinar com facilidade o relacionamento entre estes trequinhos; torna-se necessário adquirir a capacidade de observar uma ideia ziguezagueando seu próprio caminho através de um grupo. Não sei de onde a ideia partiu; não sei para onde vai, mas pode-se observá-la *de passagem*. É nesse ponto em que podemos retornar à prática de análise e de observação de grupos.

[*Alguém faz uma pergunta, de conteúdo inaudível.*]

Bion: Dor, isso é um fato da existência – não muito diferente de prazer. Penso que necessitamos de uma terminologia na qual não haja palavras específicas e sim concrescências; poderíamos reunir alguns sentimentos e ideias e ordená-los de alguma maneira. Prazer e dor poderiam ser assim considerados como diferentes extremidades do mesmo espectro.

É fácil ver porque gostamos de obter sentimentos agradáveis e até mesmo acreditar ser possível ter uma sensação agradável por si só. Penso que essa ideia é inútil; temos que supor que ou temos sentimentos, ou não. Se não estivermos dispostos a pagar o inevitável preço da dor, ficaremos restritos a uma situação na qual só nos restará procurar o isolamento. Fisicamente é bem possível: podemos fechar as persianas, desligar a luz, cortar a linha telefônica, parar de ler os jornais e ficarmos em uma situação de completo isolamento – *fisicamente*. Mentalmente, não penso que seja tão fácil. Por exemplo, mesmo se fosse possível voltar ao útero, permanece como muito duvidoso imaginar se isso traria um completo isolamento, pois continua-se vivo. O feto humano vive em ambiente fluido, o líquido amniótico; embriologistas descrevem fossas ópticas e auditivas. Em que ponto tornaram-se funcionais? Não há nenhuma razão para que não sejam funcionais para um feto, visto que mesmo o fluído aquoso é capaz de transmitir pressão. Penso que, em algum momento, o feto pode estar tão submetido a essas mudanças de pressão, de tal modo que, antes ainda da mudança do fluído aquoso para o estado gasoso – o ar, o nascimento – este mesmo feto pode tentar livrar-se de toda aquela pressão.

Penso que seria uma distorção completa da teoria kleiniana sugerir que fetos poderiam recorrer à clivagem de pensamentos, ideias e fantasias, evacuando-os para o líquido amniótico. Mesmo assim, não vejo por que não poderíamos ter tais *phantasias*.[2] Freud

---

2  Conservamos o termo, originalmente cunhado por James Strachey, Alix Strachey e Joan Riviere para a primeira versão em inglês da obra de Freud – a única lida e autorizada por ele. O termo "phantasia" serve para assinalar a

16 PRIMEIRO SEMINÁRIO 1976

disse: "Aprendi a controlar tendências especulativas, seguindo as palavras, hoje esquecidas, de meu mestre, Charcot: observar repetidamente as mesmas coisas, até que comecem a falar por si" (*S. E.* 14, p. 32). Tenho enorme simpatia com tal atitude, mas penso ser um perigo que possamos fazê-lo dispensando aventuras especulativas. Requer-se algum tipo de disciplina.

Parece-me haver remanescentes arcaicos, quando consideramos a curiosa progressão de uma existência piscosa para uma existência anfíbia, rumando-se a partir daí para uma existência mamífera. Um cirurgião diria: "Penso que há um tumor na fenda branquial". Um resquício, parte arcaica do corpo que pode proliferar-se, torna-se perigosa. Há uma cauda vestigial que produz um tumor, requerendo uma operação. Seria muito bom e sedutor, se esta sobrevivente arcaica – a mente – pudesse ser tão facilmente detectável. Mas... Não é. Não nos parece que estejamos capacitados a sentir o odor de uma mente, de que possamos tocá-la, ou olhá-la; mas estamos cientes de sua existência. Infelizmente, só podemos dizer que talvez estejamos completamente enganados: por sermos estimulados por isto ou aquilo, elaboramos sistemas de paramnésias, intrincados sistemas teóricos, pois fica mais rápido e mais bonito ficar capacitado a recair em teorias. Caso eu esteja correto, penso que poderíamos dizer que estamos em nossa infância, até o ponto que toca a vida mental; simplesmente nada sabemos sobre

---

presença daquilo que Freud definiu como "fantasias inconscientes"; tornou-se útil como discriminação de meras fantasias conscientes, ou devaneios. Assim como outros termos cunhados pelo casal Strachey e Riviere – por exemplo, "id" – "phantasia" acabou sendo utilizada pelo próprio Freud em seus textos. O termo "phantasia" foi respeitado em várias línguas neolatinas, inclusive no Português, até pelo menos os anos de 1990. Embora essa discriminação inicial esteja, atualmente, sendo perdida, o termo foi utilizado por Bion neste livro e em toda sua obra. Em favor de fidedignidade, optamos por mantê-lo. [N.T.]

que desenvolvimento ocorrerá, nem se o desenvolvimento será extinto pela capacidade de nosso magnífico equipamento simiesco – habilitado para produzir fissão nuclear que nos elimine da face da Terra antes de obter maior desenvolvimento.

[*Outra pessoa faz uma pergunta, de conteúdo inaudível.*]

Bion: Fetos, vivendo em ambiente aquoso, utilizam o sentido do olfato como uma, dentre outras, sondagens à distância. Cações e cavalas, em meio aquoso, podem detectar matéria em decomposição a uma considerável distância. Transportado para um meio gasoso, um indivíduo carrega consigo certa quantidade do meio aquoso – muco, saliva e assim por diante – podendo, portanto, continuar a cheirar o que não esteja completamente desidratado; o meio aquoso, uma vez externo, ficou interno. Alguns permanecem muito sensíveis a isso. Não se gabam por terem a capacidade de cheirar coisas que outros não cheiram: ao contrário, queixam-se amargamente de "catarro nasal", falando exatamente como se sentissem temerosos em ser afogados pelo seu próprio catarro. Em suma, este "catarro", que poderia ser um bem, torna-se um revés aterrorizante.

O mesmo se aplicaria a nossos olhos: penso que expõem coisas mesmo na ausência do contato físico e podem até mesmo mostrar coisas que não gostaríamos de olhar... Talvez estejamos tocando em medidas para o desenvolvimento da capacidade mental. Tudo caminha bem, desde que vá de modo mais ou menos inofensivo. Mas... Suponha que se torne algo penetrante: um desenho medieval ilustra uma pessoa enfiando a cabeça dentro de uma espécie de invólucro diamantado, capacitando-se a observar o universo, agora exterior a ela mesma. Se a astronomia realmente capacitou-nos a penetrar no espaço, haveria uma objeção fácil a tal afirmação: uma objeção contra todos estes radiotelescópios e similares, um

18 PRIMEIRO SEMINÁRIO 1976

desejo para destruí-los, pois tornaram nossa vida muito desconfortável – muito melhor ficar cego e surdo.

O que isso significa? Significa, então: vamos desdenhar X, pois "X é terrivelmente hipocondríaco" – e pronto. Damos graças a Deus, sequer precisamos mais ficar incomodados em seguir adiante? Ou precisaríamos ouvir o que ele diz? Devemos nos expor ao que X tenta comunicar?

Freud nos alertou para que déssemos atenção aos sonhos. Isso tem longa história – muitos já o haviam dito anteriormente. No entanto, Freud levou isso muito mais adiante, sugerindo ser necessário manter um respeito real por aquilo que vemos, ouvimos e experimentamos quando baixamos a guarda: justamente o estado em que ficamos ao dormir. Pouquíssimas pessoas, quando bem acordadas, mantêm qualquer respeito para com a continuidade provida pelos sonhos. A maior parte das pessoas sequer irá admitir que sonhou: sabe que os demais irão considerar esses sonhos como alucinações ou delírios. Sabemos da existência de certas autoridades em alguns lugares que não medem esforços para calar pessoas, enfiando-as em locais onde podem causar pouco dano – os hospícios. É um futuro que se coloca igualmente diante da psicanálise: perturbar as autoridades e ajudá-las no aprisionamento da mente humana para mantê-la em condição inofensiva. De certa forma, sentimos que tudo isso vai bem para pessoas como Picasso ou Soljenítsin – foram grandes homens, e foi razoável que eles tolerassem esse tipo de coisa. No entanto, é estranho pensar que nós, com as nossas capacidades comuns, precisaríamos nos opor a tudo isso para apoiar um movimento pró-liberdade da mente; um movimento que poderia ajudar a desenvolver e descobrir regras para nutrição mental. Como alimentar a mente de tal modo que essa mesma mente possa se desenvolver, não ficar envenenada?

Tudo isso fica facilmente discernível quando se trata de administrar qualquer tipo de drogas – álcool, soporíferos e assim por diante.

Não fica tão fácil saber quais *ideias* são soporíferas, quais *ideias* são venenosas, e se nós, como analistas, não estamos promovendo o desenvolvimento de métodos que tornariam o pensamento impossível.

André Green chamou minha atenção para o enunciado: "*La réponse est le malheur de la question*" ["A resposta é a doença, o infortúnio, da pergunta": Maurice Blanchot (1907-2003), *L'Entretien Infini*]. Em outras palavras: respostas constituem-se como algo que pode acabar com a curiosidade – de modo insuperável. Caso alguém fique minimamente curioso, pode-se enfiar-lhe uma resposta goela abaixo, ou dentro de seus ouvidos. Isso há de eliminar qualquer prosseguimento no pensar desse alguém.

[*Outra pessoa faz uma pergunta, de conteúdo inaudível.*]

Bion: Tenho uma impressão sobre a moralidade: trata-se de algo básico. Fiquei impactado pelo fato de que, ao ter emitido um ruído levemente desaprovador, fiz com que uma criança tenha se intimidado, como se algo muito terrível tivesse acontecido. Não tive nenhum sentimento de que houvesse qualquer ideia consciente sobre ter ocorrido algum tipo de crime; na verdade, a melhor aproximação que consegui ter sobre isso veio de um enunciado de Melanie Klein: "ansiedade livremente flutuante". Trata-se de ansiedade sem qualquer conceito ligado – de tal modo, que penso que a criancinha em crescimento faz o melhor possível para encontrar um crime que se ajuste ao sentimento. Assim, nada há que impeça de fazer-se racionalizações; não haverá qualquer constrangimento em se entreter com sentimentos racionais que permitam considerar alguém como criminoso, ou de julgar a si mesmo como tal. Quando o ruim fica ainda pior, a pessoa sempre poderá cometer um crime para fazer jus ao sentimento, de modo que a morali-

20 PRIMEIRO SEMINÁRIO 1976

dade irá realmente precipitar o crime, numa espécie de tentativa terapêutica; a pessoa em questão poderá pensar: "Posso me sentir culpado, quem não se sentiria assim? Olha o que fiz". Na realidade, penso que alguém pode realmente cometer um assassinato, a fim de ser capaz de sentir que os seus sentimentos de culpa assassinos são ao menos racionais. Isso significa apenas que o assim chamado evento racional nada mais é do que algo que somos capazes de compreender de acordo com nossas regras de lógica. É uma questão referente às limitações humanas – não tem nada a ver com o universo em que vivemos. Outro problema é que o sentimento de culpa pode ser tão grande que a pessoa em questão tentará livrar-se dele, tentará adotar uma espécie de teoria ou ideia absolutamente amoral que o abarque.

[*Outra pessoa faz uma pergunta, cujo conteúdo também ficou inaudível.*]

Bion: Quase todas as pessoas foram ensinadas a preocuparem--se e interessarem-se pelos seus semelhantes. Isso também pode se constituir como mais um estratagema aprendido no decorrer de uma vida – o *imitar* uma pessoa amorosa e carinhosa substitui o *tornar-se* amoroso e carinhoso. Trata-se de uma dentre as várias soluções que põem fim ao crescimento e desenvolvimento.

Em análise, temos que dar atenção à situação na qual um paciente fala de forma muito clara, muito compreensível, sobre suas preocupações para com esta ou aquela causa, ou instituição. Em situações grosseiras, fica fácil de perceber – sim, o paciente está extremamente preocupado com as pessoas infelizes que estão em algum lugar distante (não há o menor risco de sentir-se obrigado a agir de alguma forma). E então ficamos desconfiados de que o paciente age como uma pessoa preocupada, exatamente como um médico, como um analista – e assim por diante. Mas em algum momento pode tornar-se clara certa mudança: o paciente de fato está incomodado e preocupado com alguma coisa pela qual ele *pode* fazer algo. Nesse momento, torna-se importante poder assinalar esta observação para o paciente: embora ele esteja falando do mesmo jeito que falou ontem, ou na semana passada, ou no ano passado, soa algo diferente. Claro, não se quer fazer lisonjas, mas o paciente provavelmente acreditará haver sugestões de melhora quando se diz algo desse tipo.

[*Outra pessoa faz uma pergunta, de conteúdo inaudível.*]

Bion: No curso da experiência analítica, ocorre uma mudança, e podemos dizer: "Penso que o senhor (ou senhora), nesse momento, sente que *é* o pai (ou a mãe)". Algo que parece ser totalmente plausível para alguém que conte com cerca de vinte ou quarenta anos, mas pode ser mais difícil enxergar uma criança de seis ou sete anos sentindo-se realmente uma mãe – coisa que talvez só não tenha ocorrido de fato por impedimento biológico, por imaturidade sexual orgânica. Mais tarde, no entanto, o desenvolvimento emocional da maturidade sexual e de sentimentos maternos reais podem ser sentidos como tendo aparecido precocemente, fora da fase; a criança passa, então, a odiar esses sentimentos maternais: não há chance dela se tornar mãe – só lhe resta seguir em frente vivendo mais dez, doze, quinze anos, antes de ter filhos. Dessa forma, no momento em que essa pessoa realmente maternal tiver um bebê, terá perdido a atração pela maternidade, ficando farta dessa condição. O ser humano é uma criatura muito falha. A dificuldade ou o problema é que não há mais ninguém que possa fazer algo a respeito, exceto nós mesmos.

[*Outra pessoa faz uma pergunta, de conteúdo inaudível.*]

Bion: Um indivíduo tem que viver em seu próprio corpo, e seu corpo tem que tolerar a presença de uma mente vivendo dentro

22 PRIMEIRO SEMINÁRIO 1976

dele. Em certo sentido, o procedimento analítico, se eficaz, pode trazer para esses dois algum tipo de harmonia. Penso ser fundamental que a pessoa em questão seja capaz de estar em contato consigo mesma – um bom contato no sentido de tolerante, mas também no sentido de saber quão horrível se pensa que se é, ou que seus sentimentos são, ou que tipo de pessoa se é. Deve haver algum tipo de tolerância entre os dois pontos de vista que vivem juntos no mesmo corpo. Parece-me ser precondição para uma possibilidade de se estender isso para algo externo a nós mesmos, para uma situação em que, se pudermos tolerar a nós mesmos, como um pai ou uma mãe, poderemos tolerar nosso par, que poderá ser o outro integrante do casal parental. Torna-se mais fácil encontrar um pai ou mãe para nossos filhos, e também um marido ou esposa.

Como disse, penso ser fundamental entrar em contato consigo mesmo... Gastam-se muitos anos tentando ficar "moralmente" melhor, tentando não sermos meninos travessos ou meninas revoltadas – dificilmente alguém poderia dizer, "Estou tentando não ser um feto horroroso". Assim, por mais que se tente evacuar ou dar luz a todas estas características horríveis para que reste apenas a pessoa ideal, é necessário chegar a um ponto em que se consiga tolerar a convivência consigo próprio, um estágio preliminar à condição em que se consegue tolerar viver com outra pessoa, o que possibilitará alcançar uma completude, permitindo que se cumpra a função biológica na qual a unidade tem que constituir um casal.

[*Outra pessoa faz uma pergunta, de conteúdo inaudível.*]

Bion: Tivemos um programa maravilhoso em Northfield – uma situação magnífica – podia-se saber onde qualquer pessoa estaria, em qualquer hora do dia, ou da noite – desde que não se fosse dar uma olhada. Lembro-me de reunir algumas pessoas em vestes militares, varrendo as enfermarias, e de ter-lhes dito: "Vamos lá, para dar uma olhada". Fomos à carpintaria – que estava fechada. Fomos a outro lugar – que também não estava funcionando, pois o pessoal estava em vestes militares. Não havia sequer um único departamento nesse maravilhoso programa que estivesse funcionando.

A tendência será eliminar todas essas fases intermediárias, estabelecendo uma posição de autoridade. Em seguida, conformar essa autoridade, a guisa de acréscimo para um tipo de invólucro invulnerável. Nenhuma ideia poderá penetrar em tal autoridade: nenhuma ideia pode penetrar em tal invólucro cercando uma personalidade; ou um grupo; ou uma comunidade. Nada menos do que uma revolução, nada menos do que violência poderia quebrar o invólucro, liberando as pessoas dentro dele. Em função disto, por vezes afirmo que instituições são algo morto: pode-se sempre obedecer a regras e procedimentos; pode-se flexibilizar regras, alterando-as para acomodar o crescimento interno à instituição. Mas instituições são sempre compostas por pessoas – aqui reside um problema: o invólucro pode ser tão espesso que ninguém poderá desenvolve-se dentro dele.

# SEGUNDO SEMINÁRIO 1977

## 4 de julho

Bion: Descobri que existe uma experiência extremamente entediante: responder questões que jamais fiz. Prefiro fornecer-lhes uma ideia aproximada das minhas proposições; a partir delas, todos poderão formular qualquer questão que porventura desejem. Não estou dizendo que vou respondê-las, necessariamente: em geral, consigo descobrir outras questões para formular, dirigidas para quem se dispõe a me fazer perguntas – uma evolução natural; boa parte daquilo que pode ser colocado como questão conduz à formulação de novas questões. Parece-me que nunca conseguimos obter alguma reposta sem que antes tenhamos a possibilidade de reflexão, acreditando que, aparentemente, adquirimos algum tipo de experiência naquele intervalo de tempo compreendido entre o aparecimento de uma questão e a formulação de alguma resposta.

Tenho uma tendência: considero nosso trabalho sob um ponto de vista específico – o do praticante, do analista. Refiro-me à pessoa que, teoricamente, é responsável pela conversa. Penso em uma referência constante feita por Freud: a insistência de Charcot sobre o ato de observar, que me parece ser a essência absoluta de nosso trabalho. O que observamos? Temos que usar o termo "observação", como uma espécie de metáfora, uma aproximação, pois utilizamos uma linguagem inadequada ao nosso trabalho – e qualifico este nosso trabalho como algo difícil para ser feito. Em *Paraíso Perdido*, Milton falou sobre sua própria situação: não podia mais apelar para seus próprios olhos, pois encontrava-se cego. Esperava ser capaz de "ver e falar sobre coisas invisíveis ao olho mortal". Não podemos ter essa esperança; no entanto, de alguma forma, observamos coisas que habitualmente permanecem não observadas em intercâmbios sociais. Seria útil se pudéssemos formular, em nossas próprias mentes, o que estamos observando; uma questão que constantemente irrompe em nosso tipo de trabalho – consequentemente, nosso trabalho precisa estar em contínua manutenção. Como formularíamos nosso trabalho, caso tentássemos transmiti--lo a outros? Qual seria o formato das palavras que usaríamos? É curioso que lancemos mão de palavras; em parte, isso ocorre porque nossa capacidade de falar em linguagem articulada seja nossa aquisição mais recente. Fica claro, no entanto, o fato de termos que emprestar palavras utilizadas e formuladas para objetivos totalmente diversos, e em tempos nos quais sequer pontilhava no horizonte o tipo de coisa para a qual precisamos utilizar estas palavras.

Tendo tornado tão claro quanto possível, para nós mesmos, algo a respeito daquilo que realmente observamos em nossa experiência – deixando de lado o que está escrito em livros, ou aquilo que nos é dito, ou qualquer coisa desse tipo – e estando de acordo que aquilo que utilizaremos será uma comunicação verbal articulada, então decidiremos quais palavras vamos propor, elaborando nosso próprio vocabulário individual. As palavras que tomamos emprestadas são como moedas muito desgastadas: não podemos mais ler o que foi inscrito. Desconhecemos sua denominação.

Nada sabemos a respeito de seu valor. Para mudar a metáfora: estamos na mesma posição de um cirurgião que precisaria afiar seus bisturis antes de operar, e também quando opera.[1]

Reduzindo nosso vocabulário ao mínimo: penso haver alguma possibilidade de encontrarmos nossa própria maneira de usar as palavras; podemos escolher aquelas que nos são familiares. Também é possível que os nossos analisandos gradualmente aprendam a falar a língua que estamos falando, seja inglês, francês, italiano ou qualquer outra. Quem segue usando as mesmas palavras com precisão – a *sua* precisão – possibilita ao paciente entender o que precisamos dizer ao usar estas mesmas palavras. Por exemplo, a palavra "sexo"; foi emprestada da biologia e a utilizamos como se realmente significasse alguma coisa. Se estivéssemos simplesmente lidando com anatomia e fisiologia, penso que seria possível usá-la de modo razoavelmente correto. Mas, ao usá-la naquilo que consideramos ser uma esfera mental – supondo que exista tal coisa como uma mente, ou um caráter, ou uma personalidade –, surge o problema de definir onde uma pessoa "deixa de ser", quais são suas fronteiras.

Freud falou sobre a "impressionante cesura do nascimento" (Inibições, sintomas e ansiedade, *S. E.* 20). É verdade o que Freud disse; penso que ficamos muito impressionados com esta palavra "nascimento" e, curiosamente, também com a palavra "morte". Ambas as palavras, inevitáveis, mesmo que possam não ter qualquer importância. E que não exista, realmente, nada a ser dito

---

1 A mesma metáfora também foi utilizada, sob outra forma, no "Navio de Neurath"; feita por Otto Von Neurath, teórico da escola neopositivista – também chamada Círculo de Viena. Avaliou o conhecimento científico e o trabalho dos cientistas através de uma analogia: "Ficamos como marinheiros a reconstruir seus navios em mar aberto, sem nunca poder desmontá-los em doca seca para reconstruí-los com os melhores componentes". [N.T.]

## 28  SEGUNDO SEMINÁRIO 1977

sobre elas, mas permanecem muito impressionantes. Por exemplo, pode-se ouvir algo assim: "Poderia vir até aqui para cuidar dessas pessoas, nessa enfermaria específica desse hospital, são pacientes com câncer terminal". Câncer terminal: basta pensar nisso para dar-se conta de quão ridícula é tal qualificação. Como saber se é terminal? Terminal em relação ao quê? Ponto final do quê? Em todo caso, não estamos realmente considerando nenhum funeral, ou algo semelhante. O que nos interessa são pessoas vivas; se há algo a ser feito no sentido de tornar suportável a vida das pessoas em alguma enfermaria durante o tempo que lhes resta, então isso é algo a ser feito. Não tem relação nenhuma com "câncer terminal"; tem relação com fazer algo pela vida que ainda está por vir; que resta, diríamos, "existe uma poupança no banco que ainda é rentável", tolerável e disponível. Trata-se de encontrar um método pelo qual os pacientes possam adentrar um comprimento de onda onde alguém se incomode com o que *pode* ser feito; e não, de modo demasiado, com aquilo que não pode ser feito.

Penso, por diversas vezes, haver quase uma neurose ocupacional dos analistas, pois gasta-se muito tempo descobrindo nossos vários erros, nossas falhas, pecados, crimes e assim por diante – fazendo-nos esquecer de que se trata apenas de uma parte insignificante de toda história. Sem dúvida queremos saber em que somos incompetentes – um conhecimento muito útil – mas o que realmente é importante será saber onde fomos competentes. Mesmo no caso de um paciente em uma fase supostamente "terminal", do que ele ainda é capaz? O que fazer com os pacientes geriátricos?

No outro extremo da escala, há quem diga: "Não adianta fazer análise em crianças com dois, três ou cinco anos". Ouvi afirmações fantásticas sobre não se poder fazer coisa alguma enquanto "as fibras ainda não estão mielinizadas". O problema com as fibras mielinizadas é que, geralmente, as pessoas que as obtiveram, com frequência ficam tão rígidas, tão estruturadas, que não se consegue fazer passar nenhuma ideia nova através dessa mielina. Por outro lado, se tivermos um bebê razoavelmente inteligente que seja precocemente colocado sobre um penico, seu bumbum não mielinizado parece saber bem o que fazer, funcionando de modo adequado, sem estardalhaço. Nada sei sobre o porquê disso; mas penso que bebês precisam ter uma personalidade – assim como idosos, não importando quão doentes possam estar; ou o quanto convencidos estejam de terem atingido suas posições terminais. Caso tenham atingido, não haverá problema algum. Mas *há* um problema no minúsculo intervalo de – seja lá qual for – dias, semanas, meses entre esse ponto e o ponto em que eles não mais existirão.

Novamente, temos que retornar à consideração de que não temos apenas uma anatomia e fisiologia, mas também uma mente. "Não podes encontrar remédio para uma mente doente?" – foi a pergunta feita por Macbeth referindo-se ao sonambulismo de Lady Macbeth. A resposta presumivelmente seria algo como: "Não, no momento: volte daqui a quatrocentos anos e direi o que podemos fazer". Hoje dizemos o mesmo: "Retorne em quatrocentos anos, e darei uma ideia". Enquanto isso, cada um de nós vive esta existência efêmera, muito breve, passageira, na qual eventualmente podemos usar esta hipotética "mente" sobre a qual estou falando para contribuir com algo para nossa poupança geral.

Parece haver algum tipo de herança de ideias, ou de caráter, ou de personalidade. Não ajuda muito recorrer às regras convencionais e aceitas de herança genética; temos que reconsiderar se essas características *adquiridas* não são, de fato, transmissíveis. Isso nos leva ao ponto sobre como ocorre a transmissão.

Gostaria de considerar o paciente que atenderemos amanhã. Tenho uma grande vantagem: não sei absolutamente nada sobre

30 SEGUNDO SEMINÁRIO 1977

tal paciente, então será mais difícil que eu me engane, que vocês, que provavelmente pensam tê-lo visto ou ouvido hoje. No entanto, sugiro que, apesar do fato de que tê-lo visto ou ouvido com antecedência também possa ser vantajoso, tal condição pode ser um estorvo: trata-se de algo que pode ocultar o fato de que o paciente seguiu vivendo, pensando, e este paciente não será o mesmo paciente que ouviram ou viram hoje – assim como o paciente, no final de uma sessão, não é o mesmo paciente do início dessa mesma sessão. Trata-se de um ponto curiosamente difícil de alcançar na prática – é disso que tenho procurado falar aqui. Não fico muito interessado nas teorias da psicanálise ou da psiquiatria ou quaisquer outras teorias; o ponto importante é o que eu chamo de "a coisa real": a prática de análise, a prática do tratamento, a prática da comunicação. Surge a seguinte questão: qual será o modo para falar com esse paciente que nunca vimos antes, apesar da predisposição de pensarmos que o conhecemos, pois foi ontem mesmo que o vimos? A dificuldade reside em lidarmos com uma mente ou caráter cujas fronteiras não são tão nítidas em sua marcação como parecem quando se está lidando com anatomia ou fisiologia.

Para recair em práticas estabelecidas, falamos sobre o passado do paciente; que em sua infância, o paciente sentiu isso, teve esse trauma, que teve aquela consequência, e assim por diante. Caso considere-se que o desenvolvimento do paciente segue uma linha: nasceu-casou-morreu, *hic iacet*, acabou. No entanto, o paciente que veremos no dia seguinte não segue este tipo de linha; não atendemos alguém que "nasceu-casou-morreu". Fica muito difícil ver com clareza o que ocorre entre o início e o final de uma determinada sessão. Em parte, pelo extremo ruído ensurdecedor: nosso aparelho auditivo é bombardeado e penetrado por informações, em demasia, ensurdecedoras. Conhecemos tanta coisa a respeito de nossa própria história, tanta coisa sobre a história do paciente, muita coisa sobre a psicanálise, medicina, fisiologia, música, pintura e assim por diante, que fica dificílimo detectar esta "coisa" que estamos realmente observando – ou querendo observar. Esse é um dos motivos pelo qual considero que facilita muito "esquecer" o que se sabe, "esquecer" o que se quer, ficar livre de desejos, antecipações e também memórias, para que exista a possibilidade de ouvir sons muito fracos, soterrados sob tal massa de ruídos. Imagino que mesmo um recém-nascido tem que fazer isso: de repente, assim que o bebê abre seus olhos, apresentam-se multidões de situações ao seu sistema óptico; portanto, é necessário haver algum tipo de seleção. Ocorre a mesma situação conosco, sob nosso ângulo, enquanto fazemos psicanálise.

Freud ressaltou a enorme importância de não ceder à imaginação, de ater-se a fatos. Concordo de forma integral com isso – e, com frequência, contradigo a informação. Digo às pessoas em supervisão: "Quando o senhor ou senhora está com um paciente, é necessário ser cuidadoso com o que diz. Tenho certeza que o senhor ou senhora deveria dar interpretações corretas, mas não aqui – local onde gostaria que o senhor, ou a senhora, dessem um pouco de exercício para sua imaginação. Portanto, diga qualquer coisa, mesmo que seja boba, idiota, estúpida, injustificada, em qualquer grau que seja. Então, após o senhor ou a senhora terem dito isso, chegaremos a outro ponto – 'qual é a evidência?' – e assim por diante. Mas, nesse ínterim, deixe tudo isso de lado, concentrando-se naquilo que imagina – na sua imaginação especulativa, numa razão especulativa". Conheço a objeção a isso: diz-se, pode-se imaginar qualquer coisa que se queira;[2] é tão comum emitir razões... Brotam mais do que espinheiros. A dificuldade é abrir caminho

---

2 *Brambles*, no original – um espinheiro mais específico, de amoras ou mirtilos, comum no hemisfério norte. [N.T.]

32 SEGUNDO SEMINÁRIO 1977

se estamos no encalce da Verdade, nossa Bela Adormecida.[3] No entanto, tenho algo a dizer: "Dê rédeas à sua imaginação", para ter a certeza de que haverá silêncio pelo resto da hora – ninguém se atreve a falar, porque todo mundo acredita que há um psiquiatra espreitando, apenas esperando para fazer a interpretação correta, ou mesmo para fazer a coisa certa – provavelmente, trancar aqueles que deram rédeas à imaginação num hospital psiquiátrico ou restringi-los de algum modo. O resultado: suas imaginações atrofiam e tornam-se aquilo que chamaria de "estéreis".

Quando tivermos nos esquecido de tudo que pudermos sobre os nossos pacientes – que se esforçarão ao máximo para nos lembrar – poderemos ter uma oportunidade de penetrar nessa impressionante cesura de conhecimento, fatos, e teremos uma chance de ouvir algo tão difícil de ouvir ou ver. Em outras palavras – recorrendo a um uso bastante metafórico da linguagem – dê a si a oportunidade de observar o crescimento do germe de uma ideia.

---

3   *Sleeping Beauty of Truth*, no original. Há um complexo trocadilho subjacente nesta expressão, produto de associações livres de Bion. Uma versão literal torna-se impossível, sob risco de criar uma expressão desprovida de sentido minimamente razoável. Conecta a história para crianças, *A Bela Adormecida*, imortalizada em filme por Walt Disney, com Valiant of Truth, um personagem criado por John Bunyan, em *The pilgrim's progress*, poesia teológica transcendental a respeito de verdade, publicada em 1678, hoje bem pouco, ou quase nada mencionada na literatura brasileira. Bion estava terminando de escrever o terceiro volume de *Uma memória do futuro: a aurora do esquecimento*, onde faz várias citações dessa mesma obra. Bunyan é tradicionalmente considerado como um dos maiores poetas ingleses de convicção puritana; escrevia no estilo medieval-renascentista. Associações livres foram o método central no modo improvisado de Bion para levar a termo palestras; nesse momento do seminário, a associação livre se deu ligada ao seguinte fato: o casal Bion, ainda morando em Los Angeles, relativamente perto de Hollywood, gozava da situação de serem recém-aquinhoados com netos pequeninos. [N.T.]

Poderá parecer muito estranho, este germe, até tomar forma de uma ideia que possa ser articulada.

Ficaria muito feliz se o meu paciente usasse qualquer linguagem que pudesse mobilizar – caso eu esteja qualificado para entender essa linguagem. Por exemplo, se digo ao paciente, "Onde o senhor foi ontem à noite? O que viu?", o paciente poderia ansiosamente insistir que foi para a cama, para dormir. (Ver também o Sexto Seminário). Eu diria: "Não me importo com o que fez com seu corpo. Aonde foi? O que viu?". Provavelmente alguém que seja um bom artista seria capaz de dizer: "Vou lhe mostrar", e desenharia uma linha em um pedaço de papel, dando contorno àquela ideia, para então mostrá-la. Se a pessoa for musicalmente talentosa, poderia fazer marcas pretas no papel, denominá-las de "pausas de semínima"; ou notas na pauta de uma partitura. Para mim, não significariam nada, mas algumas pessoas me asseguram, sabem ler partituras; quando dizem isso, querem dizer que podem ouvir os sons. Incrível, não é? Esse é o tipo de coisa com que temos de lidar – fatos incríveis. Isso fascina, nesse nosso trabalho; para se alcançar algum fato é necessário acreditar muito – nenhuma ficção chega perto.

Como disse, seria muito vantajoso para mim poder entender de música, mas o paciente fica limitado por ter que falar com uma pessoa limitada no domínio da linguagem articulada. Será muito trabalhoso para ele me dizer o que sabe – ou seja, onde ele estava na noite passada e o que viu.

[*Uma pessoa faz uma pergunta, inaudível na gravação.*]

Bion: Do ponto de vista do analista, estamos diante de alguém cuja anatomia e fisiologia podem ser muito importantes. Pode-se pensar: "Esse paciente parece doente". Quando pensamos sobre

34  SEGUNDO SEMINÁRIO 1977

isso ao longo de um período de tempo, poderemos nos capacitar a definir, em nossas próprias mentes, o queremos dizer com "parece doente", como que se parece uma pessoa "doente". Um bom médico diria: "Este paciente exibe um rubor caquético"; a partir disto, torna-se possível interpretar o significado daquele rubor específico. Médicos costumam chamar estas coisas de "diagnósticos". Na verdade, são interpretações – interpretações de informações que seus próprios sentidos lhes trazem. Quais informações os sentidos *dos pacientes* trazem para os próprios pacientes? Não podemos saber, mas podemos fazer ideias sobre a informação que nós mesmos trazemos para nós mesmos, pelos *nossos* sentidos, caso esses sentidos tenham a oportunidade de ver, ouvir, cheirar seja lá o que for que estiver se apresentando naquele momento; e poderemos então fazer a tentativa de transcender esses sentidos para encontrar sua origem e significado.

À guisa de esboço: em qualquer situação analítica, há o analista, o paciente e uma terceira instância que está assistindo – sempre. De qualquer modo, sempre há três pessoas; não raro, há outros, mais à sombra – parentes, maridos, esposas, pais, mães, filhos. Tais "objetos" – uso, intencionalmente, um termo vago – exercem influência. Em consequência, torno-me ciente da existência de algo que chamo de "ouvir falar", a evidência de que escutei algo, ouvi falar. Evidência, em minha qualificação, fraquíssima. Tentando quantificar estas evidências, diria que a evidência que recebo através de meu próprio aparato sensorial, enquanto um paciente está comigo, vale 99. O resto, 1, fica compartilhado por todos os tais "objetos". Por menor que seja, dificilmente vale à pena incomodar-se com o "ouvi falar". Posso escutar qualquer coisa que um paciente tenha ouvido falar a respeito de minha pessoa, sobre o que lhe foi dito, ou sobre o que ele mesmo acredita, mas aquilo que devo ouvir permanece enterrado sob todo esse ruído.

Médicos e cirurgiões estão muito bem acostumados em considerar descobertas feitas por embriologistas, que pensam existir, no corpo humano, vários sinais de vestígios de diferentes tipos de vida. Por exemplo, vestígios de um estágio anfíbio. Penso haver algo similar no que se refere à mente, onde, se possível, preciso notar vestígios, remanescentes que conseguiram sobreviver na mente daquela pessoa em particular. Meus sentidos – visão e audição – trazem-me aquele ruído, incluindo a fala do paciente com enormes quantidades de teorias médicas, psicanalíticas, de pintura e música – ruído no qual há um vestígio de algo, que permanece operando. Assim, caso o paciente realmente compareça, havendo duas pessoas na mesma sala ao mesmo tempo, haverá alguma probabilidade de podermos ver o que seriam tais sinais, por mais fracos que sejam. Talvez, depois de um tempo, comecem a se reunir, formando um padrão, e o próprio padrão irá formatar-se de maneira tal, possibilitando traduzir a impressão que obtivemos em algum discurso articulado. É complicado, pois, simultaneamente a estes eventos, gostaríamos de estar habilitados a dizer algo que o paciente possa entender – isso é muito difícil. Em primeiro lugar, é difícil conseguir clareza quando tentamos compreender a nós mesmos, pois temos de recorrer a uma forma degradada de comunicação, muito desvalorizada, sendo difícil dar nitidez suficiente às palavras para lhes fornecer algum tipo de significado.

Embora possa parecer que haja apenas dois corpos na sala, penso que temos que ir além e detectar esse terceiro – ou, no mínimo, detectar o que *este terceiro* detecta. O analista está sendo analisado o tempo todo por *este terceiro*. Se tivermos sorte, depois de um tempo, até mesmo o paciente ficará familiarizado com este terceiro, para tornar-se consciente dessa existência.

*P: Gostaria que o senhor ampliasse o significado que atribui a "pelo menos" um terceiro.*

Bion: Freud afirma ser essencial, em uma análise, revelar a situação edipiana. Com isso, recai em transformação verbal de uma imagem visual tripartida. Não a considero suficiente. Fala-se também sobre onisciência e onipotência; dessa forma outras partes vêm à tona. Não considero prudente darmos uma interpretação a menos que estejamos convictos de que, para todos os efeitos, possuímos evidência da presença desse terceiro e, em seguida, de um quarto, quinto e assim por diante.

Melanie Klein disse-nos que a criança cliva o objeto em fragmentos, e que logo a seguir, os evacua; descreve esse processo como "phantasia onipotente". No entanto, pode haver uma situação em que o paciente se livrou, até onde foi capaz, de todos os sentidos que lhe foram desprazerosos. De minha parte, sinto ter boas razões para pensar que esse processo ocorre ainda antes do nascimento; poder-se-ia dizer que o paciente possui ideias das quais *nunca esteve consciente*. Isso é irremediavelmente contraditório, mas tenho que usar a mesma linguagem que uso quando estou acordado – linguagem articulada. Não penso que Freud, ao falar sobre interpretação de sonhos, realmente tenha considerado o fato de que o paciente que teve um sonho teve uma experiência cuja natureza consiste em um estado mental muito diferente daquele que tem quando está acordado. Portanto, uma história que o paciente nos conta, de forma consciente, constitui-se na *versão do paciente* do que lhe ocorreu durante a noite passada, mas o paciente não sabe realmente o que ocorreu. Penso que a teoria sobre o inconsciente e o consciente – de extrema utilidade, e como todas as coisas úteis, torna-se, após um período de tempo, um tipo de peste, por obstruir a capacidade de enxergar outras coisas que não conhecemos – fica no caminho de nossa própria ignorância, e haverá pouca chance para investigarmos o âmbito de ideias que nunca foram conscientes; tal estado mental não está disponível quando alguém fala conosco reunindo todo juízo que tenha em plena luz do dia, e estamos ouvindo-o com todo nosso juízo.

Ocorre uma dificuldade para penetrarmos, através do nosso próprio conhecimento e experiência, naquilo que está acontecendo, por conta dessa espécie de diafragma, dessa cesura; não conseguimos ultrapassá-la, mas é isso mesmo que torna disponíveis impressões geralmente indisponíveis quando estamos plenamente conscientes e despertos. Esse é outro motivo pelo qual considero que ainda há muito a ser dito quando consideramos aquilo que denominei como elementos beta e alfa. Entretanto, elementos beta e alfa não são de natureza psicológica, pois os mantive para denominar algo que não conheço e jamais conhecerei; estou assumindo a existência de alguma contraparte física em relação a estes elementos. Quando tornam-se conscientes, penso, em consequência, que tornam-se algo fantasioso: construtos teóricos – imaginação especulativa, razões especulativas.

*P: O germe de uma ideia se encontra enraizado no paciente, no analista ou na relação?*

Bion: Na relação. No entanto, considero muito insatisfatório descrever isso como transferência e contratransferência, porque, apesar de serem teorias úteis, tornaram-se obstrutivas. Há algo que logo surge quando há duas pessoas na sala – uma delas querendo ser analisada e outra querendo ser o analista. Portanto, o germe de uma ideia, de fato, pertence à dupla. É claro que existe uma tentação em se afirmar que, mesmo no sexo fisiológico, essa é a verdadeira natureza da germinação que produz uma criança. Se as duas pessoas forem duas mentes se encontrando – não apenas dois objetos fisiológicos, macho e fêmea tendo relações sexuais – penso que a situação é bem diferente; tanto de modo literal como metafórico, nasce algo distinto daquilo que nasce quando se trata apenas de dois corpos se unindo – um pênis e uma vagina. Em uma análise habitualmente não há contato físico, ocorre algo análogo: ideias nascem se lhes for dada uma oportunidade. Tenho tentado dizer às pessoas que não importa o quão pouco cooperador, o quão difícil, o quão obstrutivo seja o paciente, há uma coisa muito importante de ser percebida, algo que quanto mais for percebido, mais e mais útil será – refiro-me ao fato de que o melhor colaborador que se pode ter não é o supervisor, ou o professor, ou quem quer que se procure para conseguir uma segunda opinião, mas apenas o paciente: a verdadeira cooperação virá dessa pessoa que aparenta ser tão hostil, tão negativa, tão não cooperativa. É mais fácil ficarmos inundados com todo abuso e hostilidade, com incontáveis informações, e, então, não conseguimos ir além. Por outro lado, especialmente quando estamos cansados, sobem muitas teorias às nossas cabeças; podemos chegar a tal ponto que, enquanto soa como discurso articulado, não há nada além de barulho; de jargão. Não é razoável esperar que o paciente seja capaz de desenterrar o significado no dilúvio de teorias psicanalíticas às quais está sendo submetido. Com certeza, é uma colaboração entre os dois, havendo algo fascinante no intercâmbio analítico; os dois integrantes parecem dar à luz uma ideia e, possivelmente, quando nos acostumamos a fazer isso, será provável transformar tal ideia em uma interpretação ou em algum tipo de construção verbal. Os pacientes se aprimoram cada vez mais até que, se a dupla tiver sorte, a análise torna-se redundante, desnecessária. Os dois podem separar-se; cada um segue seu próprio caminho.

Não tive a experiência de analisar alguém que se tornou um compositor. No entanto, não vejo motivo para que um paciente não descubra ser capaz, de fato, de compor músicas ou pintar. Essas são coisas que podem vir a ocorrer caso a pessoa em questão permita que suas ideias germinem da maneira que podem. Infelizmente, isso é algo muito mais difícil de ocorrer do que parece; é extraordinário o quanto podemos desejar que o paciente o diga com suas próprias palavras. Mas pode ser que não seja assim que o paciente se comunique – ele deveria estar aprendendo a desenhar, ou a pintar, ou a compor música. Isso é o que torna a prática de análise difícil: o analista tenta ouvir e observar, mas pode estar observando no lugar errado. Se assim acontecer, não nota onde o germe está germinando no paciente, pois a mente está focada na direção errada.

> *P: Como o senhor reconhece esse processo de germinação de uma ideia? Como distingue suas características a partir de todo o "ruído" com o qual fica confrontado? Poderia descrever como percebe o que está acontecendo?*

Bion: Penso que o processo é semelhante à visão binocular; há um ponto de focalização no qual a visão une-se à mente. É difícil dizer como isso surge, pois partirmos de uma visão consciente da situação. Podemos começar a sentir algo como, "penso que sei o que ele quer dizer"; este sentimento cresce, e vai crescendo conforme passa o tempo, adquirimos maior confiança em nossa própria percepção de que estamos corretos em pensar que sabemos o que o paciente quer dizer e, nesse momento, podemos dar a nossa interpretação. Essa é a melhor aproximação que posso fazer, sob um modo de comunicação verbal, para alguém que goze de um bom estado consciente. Freud fala sobre estarmos em um estado de "atenção relaxada". Decerto, penso ser correta essa postura, mas penso também que estar com "atenção relaxada" implica esquecer-se destas muitas teorias, preconcepções e esperanças; desse modo, haverá uma oportunidade para que o ponto de focalização declare-se por si mesmo.

Ficamos sob pressão em nossa prática, dizemos aquilo que temos que dizer e, nesse momento, advém uma situação inteiramente nova. Na verdade, não sabemos deveras o que está se passando,

40 SEGUNDO SEMINÁRIO 1977

por ser uma nova situação, nada vai ser como era antes. É provável que o paciente diga: "Por que o senhor não *diz* alguma coisa?". Se não for o paciente, os familiares podem dizer: "Por que o senhor não *faz* alguma coisa?". Estamos, precoce e prematuramente, sob pressão para produzir nossas ideias. Pobrezinhos! Arranque a ideia, ainda na raiz, e dê uma olhada – será um caso perdido. Portanto, teremos de agir como se fôssemos um tipo de pais da ideia – precisamos protegê-la, dar-lhe uma oportunidade para se desenvolver, apesar destas pressões. Temos que ser capazes de tolerar este estado de ignorância. Quando se aproxima algum intervalo, como um fim de semana, ficamos sob pressão: a de produzir algum tipo de resultado. Digo "algum tipo de resultado", mas o que realmente ansiamos é uma cura espetacular, algo que podemos realmente mostrar, algo realmente notável.

*P: Como o senhor distingue entre haver uma terceira pessoa ou voz e outras coisas que vêm à sua mente? Como o senhor obtém a sensação de existir, genuinamente, uma verdadeira terceira voz que o senhor e o paciente podem ouvir?*

Bion: Penso que a sensação de ansiedade constitui-se como sinal de que algo não está certo, de estarmos fora do compasso; o sentimento de que as coisas não estão convergindo. Tolstói nos conta de um ditado do príncipe Andrei:[4] "Isso é verdade, aceite – isso é verdade, aceite". Em certo ponto, ou pelo menos num ponto incerto, sente-se que algo fez um estalo. Mas na maioria das vezes temos que tolerar essa sensação de estar fora de sintonia, ou de *não* se estar certo. É difícil de fazer, pois momentos de iluminação são

---

4  *Guerra e Paz*, de Liev Tolstói. [N.T.]

poucos, extremamente raros. Consolo-me ao pensar que, depois de termos atendido por uns cinco ou seis anos, pode ter havido, digamos, três momentos de iluminação – o suficiente. Falo de iluminação apropriada, algo real. Há estoques e estoques de explicações racionais que são racionalmente aceitas; não há dificuldade nenhuma em encontrá-las. Há milhões daquilo que poderíamos denominar interpretações "corretas", mas são situações de iluminação, que realmente fazem o trabalho. Se os dois puderem aguentar, talvez durem o suficiente para que aconteçam situações de iluminação.

*P: Será que o crescimento real da mente ocorre ao largo de transferência e contratransferência, ao inativar-se memória e desejo, quando aparece a nova ideia, iluminadora, apesar das modificações na transferência e contratransferência?*

Bion: Nem sempre são discerníveis na relação direta, mas, com o passar do tempo, acabam sendo. É assim caso exista algo como herança de características adquiridas. Por exemplo, nada vai desfazer, efetivamente, o fato da existência de Shakespeare. Mesmo hoje em dia, pouquíssimas pessoas podem ler uma peça de Shakespeare. Dependemos de atores peritos para interpretar os versos e, só então, podemos dizer que "vimos" *Noite de Reis, Júlio César* ou *Macbeth*. Produções da BBC tem sido muito elogiadas nos Estados Unidos: dizem maravilhas sobre os atores. A experiência de assistir a produção de uma peça de Shakespeare é incitante, mas deve-se ter cuidado com a leitura, para não sermos enganados pelo fato de podermos ler – não é suficiente. É idêntico a dizer, vemos sinais em preto e branco no papel, portanto lemos música – não lemos. Assim, alguém que aspire ler uma peça de Shakespeare deve passar por um treinamento e terá que reunir certos requisitos básicos para ler uma peça de Shakespeare.

42 SEGUNDO SEMINÁRIO 1977

Shakespeare escreveu: "*The raven himself is hoarse that croaks the fatal entrance of Duncan under my battlements*" ("Rouco fica o corvo, ao crocitar o fatídico adentrar de Duncan, nos muros de meu castelo") (*Macbeth*, I v). Há apenas uma palavra realmente extensa – *battlements*.[5] Juntando todas estas palavras, obtemos uma frase que permanece nos afetando. De onde vem, não sei – não sei o que acontece com essas coisas. Recordo-me da menção a Alfeu, na obra de Milton: "*Return Alpheus, the dread voice is past*" ("Retorne, Alfeu, a voz terrorífica é passado") ("Lycidas"),[6] e assim por diante. Milton utiliza uma analogia de um rio soterrado, brotando novamente em outro lugar. Só a divindade sabe onde brotará e que efeito terá. Expressões primitivas, como essas, permanecem no tempo. Em certo sentido, pode-se dizer: "A maioria das pessoas neste país fala inglês, e essa é uma explicação perfeitamente compreensível". Não desejo negar as explicações perfeitamente simples, diretas e óbvias. *Nós, analistas*, cuidamos de outras explicações – primitivas que sejam – mais próximas de verdade. Isso ajudaria a explicar por que este país jamais poderia ser o mesmo depois de ter tido um Shakespeare.

É o mesmo ponto no que se refere ao indivíduo. Perguntamos: "Quem é esta pessoa?". Não conseguimos nos recordar de seu

---

5 "Muro" adotado no texto anterior é versão literal para *battlements*; dadas as reconhecidas limitações de versões literais, talvez uma explicação do sentido seja oportuna. O termo refere-se a muros de grande altura, cercando todo o perímetro de castelos medievais, muitas vezes denominados fortalezas. A arquitetura mais típica de *battlements* inclui pequenas janelas (*slits*), verdadeiras fendas, permitindo posição estratégica vantajosa para que os habitantes do castelo pudessem lançar projéteis, como tentativa de defesa, para obstar invasões. [N.T.]

6 "Lycidas", poesia pagã de John Milton, um dos maiores poetas ingleses, hoje pouco lido no Brasil. Essa poesia, verdadeira reflexão da vida humana, se faz plena de contrastes, com unidade subjacente ligada a mistérios na vida e concepção exemplar do que denominamos morte. Milton utiliza de modo metonímico a figura mítica grega de Alfeu, um filho de divindades marinhas. [N.T.]

nome, a pessoa a quem perguntamos, também não. Um pouco mais tarde, ou em outro dia, descobrimos saber perfeitamente qual é o nome. Ideias também seguem curso semelhante, através da mente e da personalidade; fica muito difícil rastreá-las. Ideias que nunca foram conscientes parecem flutuar, e de repente, irrompem; demoram muito tempo para surgir, quando o embrião ou feto ficaram uma pessoa sofisticada. Portanto, fica difícil seguir o rastro até mesmo das nossas próprias ideias. Tenho certeza de que todos conhecem a situação em que se está seguindo certa linha de pensamento e ocorre um descarrilamento, ou "fora de rota" – "perde-se a linha de pensamento": houve uma emergência, impedindo a progressão na mesma linha.

*P: O senhor assinalou sobre o surgimento da ideia entre a dupla. E quanto ao grupo – como esse, aqui?*

Bion: Há grandes vantagens em um grupo. Comparado com uma história em forma narrativa, um grupo seria idêntico a esparramar o alfabeto inteiro em uma linha reta, de A a Z. Em suma, nós, como grupo, deveríamos ser capazes de mobilizar ou germinar uma ideia: produção muito difícil para um único indivíduo. Por essa razão, há muito que dizer a respeito de universidades, instituições como essa, por exemplo, ainda que seja desajeitado termos de posicioná-las geograficamente, dizendo "Encontro no Centro Tavistock", subordinando-a a determinada distribuição geográfica. No entanto, quanto mais espalhamos os membros de um grupo, maior será o número de bases para o pensamento. Por isso, fiquei tão impressionado quando Rickman fez o relato sobre o encontro com o soldado raso na estação de Nova York, a respeito da experiência em Northfield – o Experimento Northfield, quando Rickman e eu lá estivemos – que o fez dar-se conta do que seria uma universidade. Frequentemente penso naquele homem,

## 44 SEGUNDO SEMINÁRIO 1977

alguém que não teve nenhuma oportunidade educacional após seus catorze anos sabia o que era uma universidade, coisa que não tenho certeza se eu e meus contemporâneos em Oxford sabíamos enquanto estávamos lá e logo após sairmos de lá. Podíamos obter as mais altas premiações e medalhas em natação, *rugby*, estudos clássicos, Humanidades Greco-latinas, e assim por diante, mas tudo isso é irrelevante comparado com aprender o que vem a ser uma universidade. Penso que tivemos plenitude de nutrição mental – tanta, que o ponto principal nos escapou.

*P: Qual foi exatamente a coisa que o soldado aprendeu, para fazê-lo pensar que sabia o que é uma universidade?*

Bion: Fico tentado a pensar que este soldado não teria aprendido nada, caso pensasse ter aprendido exatamente alguma coisa. Uma das dificuldades na matemática é a ilusão de se ter aprendido "exatamente" alguma coisa. Penso que os Intuicionistas estão certos em sugerir que há muito mais a ser aprendido. É surpreendente que um homem tão perspicaz quanto Keynes, que produziu uma ideia prática em economia, ideia que se mantém até hoje, tenha feito também uma incursão sobre a teoria da probabilidade. *Nós*, mais do que ninguém, temos muito a dizer a respeito de probabilidade. Quando lidamos com razões especulativas e imaginação especulativa, nossa única justificativa é dizer: "Isso não é uma ciência exata, não é exatamente coisa alguma". Poderíamos dizer que isso introduz uma certeza, mas nessa área em particular, onde não existem evidências suficientes que cheguem a constituir um fato, recorremos à probabilidade – é *provável* que tal coisa ou outra vá acontecer – temos que nos contentar com isso. Temos que deixar as certezas para outras pessoas; quando se cansarem das certezas, vão querer saber um pouco mais sobre probabilidades.

*P: Recordo-me de uma experiência de vários anos, um paciente com excesso de precisão – muito hábil com as máquinas, mas não com pessoas. Hoje, surpreendeu-me relatando que sua esposa foi à quitanda, perguntando quantos quilos de batatas deveria comprar para um jantar de doze pessoas. O paciente ficou muito irritado com a esposa por ter feito tal pergunta. Na opinião do paciente, era uma pergunta que jamais poderia ser respondida. No final da sessão, saindo do consultório, disse: "Não entendo – você disse que foram cinquenta minutos. Tenho certeza de que foram apenas dez".*

Bion: Estamos habituados com a ideia de que tempo e espaço podem ser medidos; existem vários instrumentos para isso, desde um relógio até o telescópio de 200 polegadas do Monte Wilson, e radiotelescópios com grande linha de base: dispositivos mecânicos muito úteis para objetivos do dia a dia; não sei se são úteis no universo que tangenciamos quando começamos uma análise. Melanie Klein disse-me um dia: "Mesmo com a análise mais profunda, podemos apenas arranhar a superfície": estava certa. Pode parecer dogmático quando tentamos nos expressar da forma mais precisa possível; não queremos expressar dogmatismo: estamos buscando usar a língua da forma mais exata, pois fica mais fácil para outra pessoa entender o significado do que é expresso, se houver constância no nosso uso de palavras – ou, como eu disse antes, se o outro indivíduo puder aprender nosso vocabulário.

*P: Estive pensando... Quando uma experiência chega ao fim – tal como a do soldado de Northfield, ou a experiência de análise – ficamos com uma ideia, uma experiência sobre a qual refletimos com tranquilidade, livres do "barulho" sobre o qual o senhor falou. Talvez os momentos em que o analista fique ausente, durante a análise – fins de semana, feriados, também sejam muito importantes. Gostaria de ouvir o que o senhor pensa a respeito disso.*

Bion: Esta é a coisa mais importante – o momento em que uma ideia germina. Mas também penso que isso se aplica à análise. Frequentemente, as pessoas parecem falar como se acreditassem que o caráter humano ou a própria pessoa se comporta de forma lógica e racional. No entanto, quando se considera a essência do que realmente significa uma pessoa se comportar de um modo compreensível para o analista – algo totalmente possível no caso destas pessoas obedecerem a leis do convívio social comum, leis da gramática, leis da linguagem articulada. Mas o fato de que algo fique compreensível a um mero ser humano não justifica acreditar que, consequentemente, o universo em que vivemos obedeça às leis da gramática humana, da razão ou da lógica. Somos, afinal de contas, criaturas efêmeras, vivendo em um pedacinho insignificante de terra, circulando (de acordo com os astrônomos) ao redor de uma estrela comum que ocupa uma posição um tanto periférica em uma nebulosa específica. Assim, a ideia de que o universo obedece a leis de um modo a tornar-se compreensível para todos nós é algo totalmente sem sentido; para mim, tal afirmação soa como expressão de onipotência ou onisciência. É impressionante que astrônomos tenham há pouco descoberto buracos negros, onde não se aplicam as leis comuns da física e da química. Descobriram dois buracos – dois, até onde sabemos, em todo o universo.

# TERCEIRO SEMINÁRIO 1977

# 5 de julho

*P: Ontem, o senhor, referindo-se a uma análise de cinco anos, disse ter havido três momentos de iluminação. Gostaria de perguntar o que o analista fica fazendo entre estes três momentos; entendo que tenha que dizer alguma coisa. O problema parece ser o seguinte: como promover, e não impedir, a chegada do momento de iluminação.*

Bion: A resposta mais simples é: o analista está analisando. É claro que isso é apenas uma descrição superficial. Sua questão fica bem mais difícil de responder se entrarmos nos detalhes. Perguntaram-me, há muito tempo: "Analistas fazem alguma outra coisa, que não apenas falar?". Recordo-me de ter dito: "Sim. Permanecem em silêncio". Penso que haveria muito a ser dito para pautar isso, como ocorre na pauta musical: existe uma notação de "pausas", silêncio. Podemos até mesmo marcar, nessa pauta, os intervalos de tempo para obter a velocidade na qual a música será tocada. Na verdade, cada comunicação exige uma quantidade adequada de tempo, caso contrário, nunca vai ocorrer alguma iluminação.

Descobri um livro extremamente iluminador, escrito por Matte Blanco – *O inconsciente como conjuntos infinitos*. Um livro difícil de ler; na verdade, a primeira coisa que se pensa é: "não tenho tempo para ler esse tipo de coisa"; ficam perfeitamente óbvias duas alternativas excludentes: ou se trata de uma enxurrada de teorias e mais teorias, ou é algo realmente significativo, demandando longo tempo para leitura. Para que se tenha uma ideia do tempo necessário para ler algum livro seria útil indicar, por exemplo, "120 páginas por hora", ou "nove páginas por hora".

A iluminação, como a denominei, é um evento muito raro. No entanto, constrói-se progressivamente, em tempo muito maior do que qualquer experiência analítica. Algumas pessoas já têm muita experiência de vida, estando em condições de saber e compreender. Quando entrei para o exército, durante a Primeira Guerra Mundial, tive de me esforçar muito para aprender práticas militares: manobras e todas essas coisas, pensando, realmente, que já era um soldado após ter sido concursado como oficial. Descobri que não sabia nem o mais básico para ser soldado. À medida que fui entrando em mais ações de guerra, mais óbvio ficou que, de fato, sabia muito pouco – nem ao final, cheguei, a saber. Tive muita sorte de sair sem ter sido morto por obra de pura ignorância.

Assim, toda essa questão sobre o que se passa no meio tempo requer muita discussão – muito mais do que será possível discutir aqui, em três dias. Espero poder acrescentar algo, a cada vez que conversarmos. Mas, por favor, perguntem novamente; continuem perguntando. Lembro da citação de Blanchot, que conheci por intermédio de André Green: "*La réponse est le malheur de la question*" (minha tradução, com a qual Green concordou, foi "A resposta é a doença, ou desgraça, da questão"). (Ver também Primeiro Seminário). Em outras palavras, é *isso* que assassina a curiosidade. Quando uma pergunta é respondida, cessa nossa curiosidade, caso se permita tal acontecimento com muita frequência. Infelizmente, toda a infância é ocupada com perguntas respondidas – aprendemos muito cedo definições como: "crianças devem ser vistas e não ouvidas"; e crianças são suficientemente inteligentes para aprender desde cedo a manter suas bocas fechadas, pelo risco de entrar algo indesejável no caso de abri-las.

Apesar de ser fácil dar um tipo de resposta mental, como tantas interpretações psicanalíticas, é muito mais difícil dizer, no que diz respeito ao pensamento, sobre a existência real de uma espécie de tráfego de mão dupla. Vai daí que o tipo de nutrição mental a que estamos sujeitos desde pequenos e à qual muito ansiamos por aceitar e ingerir, constrói uma barreira contra qualquer tipo de iluminação. A não ser, é claro, quando se é uma criatura perniciosa como eu. Adquiri uma reputação, que virou brincadeira, desde meus oito anos: eu vivia fazendo perguntas; a resposta que recebia, goela abaixo, era sempre sobre o que aconteceu ao Bebê Elefante que fez perguntas a um crocodilo (Rudyard Kipling, *O elefante infante*).

> P: *Fico pensando o que o senhor faria no caso de um paciente adulto trazer algumas pinturas, em vez de tentar usar a comunicação verbal para expressar seus sentimentos.*

Bion: Certamente eu faria o possível para observá-las e para escutar seja o que for que o paciente tivesse a me dizer. É uma forma de comunicação. É necessário tornar-se capacitado para ouvir tudo que seja dito, mesmo quando se trata de comunicação silenciosa – até mesmo as "pausas" precisam ser ouvidas. Quando alguém traça uma linha ao redor de sua comunicação, será muito útil poder olhar para essa forma e captar seu significado. Peço licença para exagerar um pouco: suponhamos ter tido oportunidade de ver os esboços feitos por Leonardo da Vinci da Virgem Maria e do Menino Jesus. Alguém muito talentoso, capacitado para "enxergar e falar de coisas invisíveis ao olho mortal" (Milton, *Paraíso Perdido*. Canto III). Isso acontece frequentemente com pinturas religiosas que podem ser vistas a qualquer momento, caso possamos visitar a National Gallery; o pintor viu algo com extrema clareza, sendo capaz de transformar o que viu em uma comunicação em óleo e pigmento sobre tela.

Se mostrarmos o retrato de um coelho a um cão, este último fareja, percebendo não poder comê-lo, e perde completamente o interesse. No entanto, um cão ficará muito excitado quando exposto a um filme com um coelho, ao ver algo em movimento, quererá persegui-lo. Traduz em ação aquilo que vê. Não posso exibir filmes aos meus pacientes; tenho que recorrer à comunicação verbal. Por vezes, recorro à contrapartida verbal de uma imagem, como acabei de fazer com a ideia do cão perseguindo um coelho filmado: uma tentativa de descrever verbalmente uma cena visual. Isso é típico da transformação que precisamos fazer.

Considerando nosso presente encontro: deve haver muitos pensamentos que não enxergamos ou não podemos expressar. Mas, até o ponto em que nos diga respeito, será importante se pudermos imaginar que podemos manter nossas mentes receptivas. Penso especificamente nas ideias primitivas, selvagens e pensamentos dispersos que considero como flutuantes, em busca de um pensador. Quero dizer, sem dúvida, que temos que estar preparados para receber o pensamento ou ideia, seja qual for a forma que

WILFRED R. BION 51

assuma; o quão selvagem possa ser. Não defendo o que costumava ser chamado de "análise selvagem"; espero voltar a esse ponto novamente em outra hora.

Valéry escreveu: não é verdade pensar que o poeta é alguém que escreve um poema numa noite de delírio, num estupor bêbado, numa noite de febre; o poeta é um pensador frio, quase um matemático, a serviço de um puro sonhador [*"Ce n'est plus le delirant echevelé, celui qui écrit tout un poème dans une nuit de fièvre, c'est un froid savant, presque un algébriste, au service d'un rêveur affiné"* – Paul Ambroise Valéry (1871-1945)]. Ou seja, essa pessoa, ainda que fria, ainda que extremamente capaz de pensamento abstrato, tem que estar *a serviço* do sonhador.

Sonhos não obedecem às teorias de Freud ou de qualquer outra pessoa. Há muitas pessoas; teorias sobre sonhos apareceram em abundância ao longo da história da raça humana. Portanto, não nos é permitido ser tão acanhados, mentalmente, a ponto de nem sequer admitir o direito do sonho de existir – sonho, em qualquer sentido da palavra, literal ou metafórico. E caso queiramos ser geométricos, que seja uma geometria pura – que tenha a pureza de um sonho.[1]

---

1 No original: *Valéry wrote: it is no good thinking that the poet is somebody who writes a poem in a night of delirium, a drunken stupor, a night of fever; the poet is the cold thinker, almost a mathematician, at the service of an affine dreamer ["Ce n'est plus le délirant échevelé, celui qui écrit tout um poème dans une nuit de fièvre, c'estun froid savant, presque um algébriste, au service d'um rêveur affiné" – Paul Ambroise Valéry (1871-1945)]. That is, this person, however cold, however much of the abstract thinker, has to beat the service of the dreamer. Dreams do not obey the theories of Freud or anyone else. There are lots of them; there have been plenty of theories about dreams in the history of the human race. So we should not be too narrow- minded to a point at which we don't even admit the right of the dream to exist–dream in any sense of the word, literally or meta-*

## 52 TERCEIRO SEMINÁRIO 1977

Quando um paciente nos diz que não sonha, a questão realmente importante é: "Bem, *o que* você faz, então?". É certo que faz alguma coisa; se diz que dormiu profundamente, soa muito convincente, não é? Mas como essa pessoa sabe que dormiu profundamente? Quem estava acordado? Ou o que estava acordado? De onde veio essa ideia de "dormir profundamente"? Se não vem do paciente, viria do analista? Afinal, existem duas pessoas na sala em uma psicanálise. Aqui não temos duas pessoas; é como ter toda uma pessoa, em todas as idades e em todos os momentos, espalhadas em uma sala ao mesmo tempo.

Menciono esse ponto específico por saber que alguns estão interessados em grupos, mas não estava pensando especificamente sobre grupos; pensei em falar desse modo para abordar uma questão enigmática, para mim. Quando há duas pessoas juntas em uma mesma sala, de onde vêm essas ideias? Existem muitas teorias sobre o assunto: transferência, contratransferência. Desconfio que a própria utilidade dessas teorias as tornou redundantes, e que todo esse assunto poderia ser ampliado, com fronteiras muito mais

---

phorically. And if we want to be geometrical, then at least it should be an affine geometry – something that has an affinity with the dream. Há um trocadilho impossível de ser traduzido; optamos por um equivalente, tentando manter o sentido do termo francês, *affiné*. Em português falado no Brasil, a tradução literal, "afim", perde alguns sentidos originais, como pureza. Este sentido, possível na língua inglesa, permite o trocadilho. A invariância básica permeando todas as tentativas de Bion para alcançar formulações verbais de suas observações clínicas, tanto aquelas formuladas em termos teóricos, como as descrições práticas – consideradas indivisíveis – fica expressa de modo notável neste texto; mais especificamente, aproximações em direção à verdade. Considerando essa invariância, escolhemos o termo "puro" nesta versão, ou transcrição (caso seja permitido utilizar o neologismo proposto por Augusto e Haroldo de Campos, dois poetas e tradutores). Incluímos o texto original, mantendo o mesmo modo decidido pela editora, Francesca Bion, que decidira incluir o texto em francês do poeta. [N.T.]

amplas do que poderiam parecer quando ficamos restritos, religiosa ou dogmaticamente, a preconceitos, a fronteiras já estabelecidas – supostamente por Freud, mas, na verdade, não. É uma destas situações que começa com a possibilidade de libertar a mente de sua moradia estabelecida, que, muito rapidamente, torna-se uma carapaça, um exoesqueleto. Fica difícil de acontecer qualquer tipo de desenvolvimento, a não ser que sobre algum espaço no esqueleto para desenvolvimentos posteriores da criatura lá encerrada.

Estamos lidando, perpetuamente, com tal dificuldade. Ao tentarmos expressar ou formular nossas descobertas – como tento fazer aqui – também excretamos uma espécie de carapaça em torno da descoberta, obtendo uma camada impenetrável de conhecimento; ninguém pode penetrar nela, nem tampouco irromper. Logo chegamos ao ponto de pensar: "Não quero que ninguém comece a argumentar: posso dizer algo e terei que pensar de novo". Muito mais agradável sentirmos ter estabelecido um tipo de autoridade inquestionável, provida de carapaça impenetrável na qual repousamos com conforto apenas para nos deteriorarmos de modo simples.

*P: Gostaria de fazer uma pergunta a respeito de O. Consigo entender que nunca podemos conhecer O, que só é possível tornar-se O. Que tipo de experiência é essa, para o analista ou para o paciente, no momento da iluminação?*

Bion: Considero necessário supor a existência de algo que não conheço, mas gostaria de falar a respeito desse algo. Posso representá-lo com um O. Ou com um zero: uma espécie de lugar onde há algo, mas sobre o quê é muito improvável que eu adquira alguma compreensão. Só posso partir de conhecimentos que já adquiri e da capacidade que ainda conservo de obter novos conhecimentos. Nesse âmbito, de qualquer modo, penso que somos reféns de informações trazidas pelos nossos sentidos – tato, visão, audição e assim por diante. No entanto, não penso ser verdadeira a suposição de que não existe nada exceto o que está disponível aos nossos sentidos – isso me parece beirar o ridículo. Não consigo imaginar que nós, como animais humanos, tenhamos atingido o máximo em conhecimento ou experiência, ou mesmo em desenvolvimento. É possível que já tenhamos; é possível que nossa ancestralidade símia seja demasiadamente poderosa para nós mesmos; nossa capacidade simiesca de aprender truques excede em muito nossa capacidade de adquirir sabedoria.

Gostaria de lembrá-los de uma citação do Eclesiástico (38:24): "É na oportunidade do lazer, que surge sabedoria, para o estudioso". (Em outra versão: "A sabedoria do escriba é adquirida na oportunidade do lazer: os menos ativos, podem tornar-se sábios"). Penso que a versão da Nova Bíblia Inglesa ("A sabedoria do estudioso provém do amplo lazer; para tornar-se sábio, deve-se aliviar de outras tarefas") é melhor; fica mais claro. A pessoa tem que se sujeitar à disciplina necessária para adquirir conhecimento; *depois* disso, aparece a possibilidade de sabedoria. Mesmo assim, depende da oportunidade para o lazer. Há um forte argumento a favor de promover o lazer no qual essas ideias selvagens, estúpidas, ideias idiotas poderão ter oportunidade de germinar, por mais que se esteja convencido de que o resultado seria o nascimento de um monstro. A maior parte das pessoas convence-se de que, se deixassem suas mentes livres, diriam algo monstruoso. Seria totalmente errado dizer, "Não, não, isso não é possível; deve ser algo *pior*", porque eu não penso que seja assim. Afinal, os Comícios em Nuremberg foram exemplos muito marcantes de organização e sucesso; não há dúvida: eram pessoas muito inteligentes. Se eles eram sábios ou não é outra questão. Fico imaginando se existe alguma outra maneira de descobrir a não ser através de oposição a estas pessoas – "Ou pegar em armas contra um mar de angústias – E, combatendo-o, dar-lhes fim?" (*Hamlet*, III i).

No *Bhagavad Gita* há uma descrição sobre um debate entre Krishna e Arjuna – o segundo atira suas armas ao chão, dizendo que não vai lutar; diante do inimigo, que incluía muitos de seus amigos, muitas das pessoas que ele amava e admirava, decidiu que não lutaria. Muito antes, em época que sequer sabia da existência do *Bhagavad Gita*, lembro de ter discutido com três amigos antes de uma batalha. A questão era: devemos lutar? Ou não? Devemos procurar nosso comandante e dizer, estamos renunciando, a guerra era contra nossas consciências? Dos quatro, fui o único sobrevivente dessa ação; nunca soube de qualquer batalha em que somente uma de três pessoas não estivesse morta no final. É impressionante considerar que foi esse o preço a ser pago quando foi realmente necessário "pegar em armas". Dito de outra forma: quando se trata da organização extremamente eficiente, como foi a dos Comícios de Nuremberg, e o que parecia ser a organização incrivelmente inepta do exército, marinha e força aérea britânicos, não tive a menor dúvida da superioridade organizacional dos que fizeram os Comícios de Nuremberg; ou da Guarda Prussiana e assim por diante. Parece-me ser uma questão de diferenciação entre bem e mal. Penso que a questão jamais será resolvida, a menos que uma oposição seja estabelecida.

A vantagem de falar sobre um assunto como esse é imaginar que seria possível rastrear o curso de uma ideia através de uma comunidade, assim como um bom médico conhece as ramificações do sistema linfático, o que o torna capaz de detectar a disseminação de uma tuberculose. Da mesma forma, talvez seja possível acompanhar o curso de uma ideia em um grupo, com o intuito de descobrir como pensamentos ou ideias se espalham através de uma comunidade.

# 56 TERCEIRO SEMINÁRIO 1977

No que diz respeito a essas ideias selvagens – caso alguém se atreva a abrigá-las –, passado algum tempo, algo acontece com estas mesmas ideias, podem emergir de tal maneira e ser denominadas "imaginação especulativa", ou "razão especulativa"; pode-se colocar um rótulo sobre a coisa. Ou pode-se expressar um sentimento "ansioso", "amedrontado" ou "aterrorizado" – algumas palavras simples usadas como etiquetas para rotular experiências específicas de sensações ou ideias.

Aqui, novamente, podemos compreender a questão usando um modo pictórico: "Retorne, Alfeu, a voz terrorífica é passado que teus rios destruiu" (Ver Segundo Seminário). Milton descreve um rio subterrâneo emergindo em outro lugar; ganhou fama por ser um mesmo rio, reaparecendo em lugares extraordinariamente diferentes.

Infelizmente somos educados para pensar que lemos, ou nos foi ensinado ler, poemas como *Lycidas*. Assim que este pensamento surge, elimina-se a oportunidade de observar o extraordinário desempenho daquele estudante universitário de Cambridge, capaz de colocar seus próprios pensamentos e ideias em forma verbal que pode até mesmo ser citada, mais de trezentos anos depois. Quando se atende o paciente de hoje no dia seguinte, quem está sendo atendido? Estamos em contato com o quê? Quando ou onde ou como nasceu o que se vê?

*P: O senhor está preparado para dizer por que o resultado de raciocinar ou imaginar de modo especulativo parece ser ambíguo e, por vezes, confuso?*

Bion: Em parte, depende da resposta e, em parte, de quem, ou do que, escuta a resposta. Há sempre este problema, o da formulação do enunciado, independentemente do modo que for feita – uma pintura, ou uma peça de música, ou por fala articulada. Há também o problema do receptor: se é suficientemente maduro para tolerar a informação que lhe é trazida. Por exemplo, *"Les espaces infinis m'effraient"* ("os espaços infinitos me assustam") [Pascal, *Pensées*, iii.206: *"Le silence éternel de ces espaces infinis m'effraie"* ("o silêncio eterno desses espaços infinitos me assusta")]: enunciado que expressa claramente a natureza aterrorizante de estar ciente do espaço astronômico. Devido às limitações de nossa capacidade de ver, não pensamos muito a respeito do espaço astronômico no tempo presente. Ficamos um pouco sensíveis e impacientes quando voltamos à atenção para o espaço que nós mesmos ocupamos; estamos de posse dele e não queremos ser incomodados pela invasão de forças ou pensamentos de outro lugar – seja no passado, no futuro ou no presente. Há sempre esta tendência de construir um mecanismo de defesa para que o nosso próprio sistema arquitetônico permaneça intacto, não possa ser invadido. Assim, qual uma armadura de um dinossauro, forma-se uma carapaça, tão pesada que impede o andar. Sua blindagem parece ser uma resposta bem sucedida contra o estegossauro, mas, por fim, ambos acabaram extintos– a não ser, é claro, se nós ainda mantemos os nossos dinossauros mentais.

Para voltar ao problema de para onde vão as ideias quando seguem o seu caminho, como o rio Alfeu, sem serem vistas, ouvidas ou observadas: teríamos treinamento suficiente? Ou simplesmente não temos habilidade para inventar uma contrapartida para o microscópio eletrônico, recaindo no uso de nossos sentidos, e no senso comum, por falta de aparelhagem? Mesmo quando temos a aparelhagem que pode nos tornar mais perceptivos acabamos envoltos pela aparelhagem. Quando um paciente vai a uma consulta, o médico diz: "Tudo bem – radiografia, por favor, eletrocardiograma, hemograma", e assim por diante, e lá vão eles para o laboratório de patologia clínica. Chegamos a um estágio em que a

58 TERCEIRO SEMINÁRIO 1977

"resposta" fica a cargo de um computador: os resultados de exames são introduzidos e sai um diagnóstico. Se isso se prolongar por algum tempo, com um pouco de sorte não vamos precisar mais da mente; não haverá mais problemas. "*La réponse est le malheur de la question*" – no final é isso o que vai matar a curiosidade. É tão incômodo ouvir: "Sim, eu sei. Sim, eu sei. Sim, eu sei", muitas e muitas vezes. É um tique nervoso, como os vícios de linguagem "Quer dizer" ou "Você sabe". Não é o inconsciente; é uma espécie de versão moderna do inconsciente, um modo de dispensar o inconsciente com um aparato de tijolos e argamassas mentais para possibilitar a construção desse tipo de muro, o tempo todo – "Sim, eu sei", "Você sabe", "Quer dizer". Pode-se ficar assim para sempre, pois fica desnecessário pensar, e se você for o analista tentando dizer algo para o paciente, seu trabalho ficará tolhido.

Ampliando um pouco a visão: "Que o último homem a passar pelo Portão de Menin[2] tranque a porta" – não há nenhum Portão de Menin. Dizendo de outra forma: "Construa-se o muro com nosso inglês morto". Assim, proveremos bom suprimento de pensamentos mortos e frases mortas para ocluir buracos, para não perturbar nosso pequeno estoque de conhecimento.

No que diz respeito ao trabalho dos astrônomos, vamos supor que neste momento estejamos sendo afetados por ondas criadas pela explosão da Nebulosa Caranguejo, em 1054. Esse tipo de afirmação pode algum dia fazer dos astrônomos pessoas extremamente impopulares por provocarem aflição e medo. Atualmente

---

2 Memorial inaugurado em 1927 para homenagear algo em torno de 65.000 vítimas das batalhas em Ypres na Primeira Guerra Mundial, cujos corpos jamais foram localizados; destas, cerca de 40.000 eram inglesas, 7.000 canadenses, 6.000 australianas, e o restante, indianas e sul-africanas. [N.T.]

apenas médicos, psicanalistas e afins são os que afligem as pessoas ao dizerem: "Penso que você precisa de uma operação", ou "Penso que você pode tentar análise".

> *P: Cada vez fico mais consciente de que, apesar do senhor ter nos convidado a dar vazão a pensamentos selvagens, a reação dos presentes foi bem amansada pelo modo como formularam-se as perguntas.*

Bion: É muito difícil dar expressão para as ideias selvagens. Se alguém puder suportar o surgimento de uma ideia selvagem, deixando-a germinar, talvez possa formular tal ideia de maneira mais comunicável. Em *Finnegans wake*, Joyce diz da necessidade em passar a vida inteira lendo essa obra, para adquirir a linguagem ou uma capacidade para compreendê-la. Acho improvável que alguém o faça. Mas aí temos um curioso efeito: talvez, em mais cinquenta anos, teremos pessoas capazes de ler *Finnegans wake*; o que aconteceu com as ideias selvagens que foram disparadas, mas não expressas, não sabemos. No entanto, estas ideias *são* comunicadas e de fato obtém-se um efeito extraordinário que, se fosse puramente físico, poderia ser expresso pelas leis da herança mendeliana. Não conheço ninguém que tenha exposto leis da herança do conhecimento adquirido, mas, ainda assim, penso que isso ocorre.

Há uma vantagem no aspecto que o senhor menciona: em um grupo como este, talvez pudéssemos ver o tipo de coisa que o senhor descreve, mas também ver a maneira pela qual uma ideia trilha seu caminho através da comunidade. A partir daí, examiná-la como uma espécie de modelo que nos ofereça alguma ideia do percurso de uma ideia na mente de um indivíduo, usando

## 60 TERCEIRO SEMINÁRIO 1977

essa pequena comunidade – que é a soma total dos pensamentos, ideias e sentimentos que parecem delimitados pelo tegumento físico do corpo.

[*A gravação deste seminário termina neste ponto; perdeu-se, aproximadamente, uma hora.*]

# QUARTO SEMINÁRIO 1978

# 3 de julho

Martha Harris: Não me parece necessário apresentar Dr. Bion para a maioria aqui presente – constitui-se em imenso privilégio tê-lo conosco novamente, e grande satisfação pelo fato dele se dispor a continuar a série de palestras anuais, dando-nos oportunidade de compartilhar de seu desenvolvimento atual e contínuo – até o ponto que pudermos.

Penso que, Dr. Bion gostaria que eu enfatizasse, mais uma vez, a sua total disponibilidade, beirando um entusiasmo, para ser interrompido a qualquer instante, por todo tipo de questionamento, mesmo algum que seja "selvagem" (como alguns de nós sentiram, na última vez). Os que aqui estiveram sabem, pois experimentaram – quase sempre – alguma resposta inesperada, podendo parecer demasiado enigmática, mas, depois, mostrar-se iluminadora – e, muitas vezes, bem óbvia.

Bion: Um problema que – parece-me – é muito importante e, penso, torna-se importante a cada dia é o de observar. Fiquei

62  QUARTO SEMINÁRIO 1978

cansado, nauseado de tanto ouvir a respeito das muitas escolas em psicanálise, e das comparações entre elas, que uma é superior a outra – independentemente de qual seja. É simplesmente infinita a possibilidade de ficar discutindo sobre os vários méritos – até o ponto em que ninguém tente ancorá-las a fatos. Não conheço nenhum trabalho científico que não se alicerce em observação; muito confortante, pois, ao nos basearmos em observação – proporcional àquilo que é provável dentro desse assunto – teremos algo para caminhar, muito próximo a fatos.

Caso uma pessoa descubra que não pode enxergar, vai sondar o ambiente, provavelmente utilizando-se de uma bengala para tocar o chão, confiando nessa bengala para obter informação. Aprende a usá--la, parecendo capaz de diagnosticar ou interpretar aquilo que obtém ao tocar objetos ou sentir que o pavimento é macio ou arenoso.

Quando consideramos algo, supostamente a mente humana: que tipo de bengala, ou instrumento, utilizaremos, para nos prover de fatos que podemos ser capazes de interpretar? Alega-se que psicanálise é um destes tipos. É claro, passei por razoável quantidade de cursos na antiga Tavistock e no Instituto de Psicanálise, cada vez aprendendo mais e mais teorias; entendia que era necessário. Completei meu curso de formação; muito tempo depois, recuperado dessa experiência traumática, comecei a obter uma impressão do que se tratou tudo aquilo. Não penso que já esteja satisfeito em relação ao que foi a impressão, nem ao modo como a consegui – sendo essa uma das razões pelas quais gostaria de prosseguir o debate aqui. Os senhores, talvez, sejam capazes de lançar alguma luz sobre o que seria isto que estamos observando.

*P: O senhor preferiu, agora mesmo, utilizar o termo "mente". Em alguns de seus livros, preferiu utilizar "personalidade". Fiquei bem interessado em saber como o senhor os distingue.*

Bion: Não se trata, realmente, de uma distinção; é devido ao fato de que não sei como denominar esta "coisa". Por vezes, denomino-a "personalidade", outras vezes, "caráter". Freud falou sobre "ego", "id", "superego"; ouvimos falar sobre "alma", "superalma", "espírito". Um termo próximo daquilo que tento falar é *"sortilège"*, usado pelos franceses; mas não sei como traduzi-lo. "Como traduzi-lo?", este é o problema. Não tenho a menor dúvida da existência do que me refiro, mas não consigo pensar sobre um termo adequado, mesmo apelando para o inglês, conforme o conheço. Fico feliz que tenha feito essa pergunta, por ir direto à raiz da questão.

Como poderíamos prosseguir na direção do que tem sido denominado, "visão científica"? Freud pareceu pensar que fazia uma abordagem científica da questão da personalidade humana. Houve grande acúmulo de uma literatura psicanalítica e grande acúmulo de argumentações sobre estas várias teorias. No entanto, prosseguem elaborações nas teorias; prosseguem existindo pessoas com experiências, que gostariam de comunicá-las. Uma delas foi Melanie Klein, outras Abraham, Jung, Stekel, muitos outros. Suponhamos que um modo de explorar este tipo de "coisa" fosse a música – uma atividade humana onde esta "coisa" desempenha grande parcela; outro modo é a filosofia; outro, a matemática.

Há não muito tempo, eu tive a oportunidade de conversar com pais e um professor, por demasiado aflitos, pois havia uma questão com uma criança: não podia aprender matemática. Não parecia haver grande problema com a criança – bem inteligente, mas incapaz de prosseguir quando aparecia matemática. Muito intrincado: caso se lhe falasse, em certo dia, "2 e 2 são 4", a criança podia

64 QUARTO SEMINÁRIO 1978

decorar; no dia seguinte, não se recordava. Perguntei ao professor: "O senhor pode ter sido capaz de ouvir o que a criança fala a respeito disto"; "Sim"; "Portanto, o senhor poderia me dizer o que esta criança fala, quando enuncia o que *fazem* 2 e 2? Obviamente, 2 e 2 não fazem 4 – isso é algo que ela pegou de vocês e da escola. Mesmo assim, foi-lhe impossível captar o que isso quer dizer, e então, esquece". Apareceu, nessa conversa, o seguinte fato: o professor não sabia o que 2 e 2 queria dizer para essa criança e nesse momento disse-lhe: "Será melhor que o senhor dê atenção a este menino quando ele faz matemática, para descobrir qual é a matemática que *ele* usa, e o que se resulta para *ele* com 2 e 2". Então, precisamos recair em um tipo de fundo básico, primordial do conhecimento: esqueço o que é ser perguntado, o que é 2 e 2; ou como dividir 10 por 5, e assim por diante, mas este menininho (daquilo que me disseram, obviamente inteligente) fez uma observação extremamente sagaz. Não havia nada de errado com os sentidos dessa criança – o que ele ouvia e o que ele via. Não parecia haver nada de errado com informações que seus sentidos lhe traziam, como, poder-se-ia dizer, não há nada de errado na bengala de um cego, no caso desse mesmo cego querer andar com muita atenção ou devagar.

Algumas pessoas têm dificuldade em aprender a tocar piano. Alguém disse-me que, para ele, aquilo não tinha pé nem cabeça; fazia todos os exercícios mas não chegava a lugar nenhum. No entanto, tempos depois, quando teve filhos, descobriu ser excelente em queda de braço,[1] graças aos exercícios de piano. De modo que o desenvolvimento muscular valeu a pena, podemos

---

1 *Wrist-wrestling*, no original; uma variação do jogo competitivo denominado queda de braço ou braço de ferro, popularizado nos anos 1950: os competidores encaixam os polegares, ao invés de se aferrarem utilizando apenas as mãos ou os punhos. [N.T.]

ver pelo menos uma boa razão para ter tido lições de música quando era pequeno.

Não passou muito tempo para que a mesma pessoa começasse a se sentir muito grata em ter aprendido piano, pelo prazer em poder fazer sons musicais. Ocorria, então, em sua mente/caráter/personalidade, um tipo de expansão; pareceu-lhe fácil, de forma curiosa, tocar piano, algo que começou a lhe trazer um significado.

É algo similar a isso que sinto a respeito dessa questão de psicanálise, e de caracteres e personalidades – mesmo se forem grupos de pessoas. Por exemplo, tomemos nosso grupo, aqui neste local: por que, ou como, uma quantidade composta de pessoas diversas reúne-se no mesmo lugar, à mesma hora? Isso poderia, é claro, ser explicado com toda facilidade – tanta facilidade para ser completamente enganador, idêntico a estes fragmentos horrorosos de conhecimento que não passam de uma peste. Na verdade, sinto que a maioria das pessoas chega a uma idade na qual alcançaram tanto conhecimento que não podem mais penetrar na sabedoria – fica como um tipo de floresta onde não podemos mais ver árvores; não podemos ver a sabedoria pelo conhecimento. Fica, deveras, irritante ouvir alguém que aparece agindo da seguinte forma: "sim, sim, eu sei", "sim, eu sei", "sim, é isso que quero dizer", "mas o senhor sabe...", "isso significa que...", e assim por diante, *ad infinitum*. Pior ainda, pois parece ser ligeiramente mais significativo, é o domínio de grande quantidade de teoria psicanalítica. O barulho que fazem tais teorias é tão grande que fica-nos difícil ouvir nosso próprio pensar. Descobri a utilidade em conseguir ser capaz de desligar a consciência daquilo que está ocorrendo, de modo a cortar suficientemente a confusão, para que irrompa algum fato relevante, algo que denominaríamos "evidência", para basear nosso julgamento.

66 QUARTO SEMINÁRIO 1978

Nossa grande vantagem em uma análise individual é que, no caso de termos sorte, teremos a colaboração da única pessoa que realmente sabe – o paciente. Penso ser fácil ver que é provável o paciente saber o que sente. E saber o que é ter um determinado sentimento. Por exemplo, um paciente sente-se "ansioso", ou "terrível". Não descubro nada de muito iluminador nisto, mas sinto o impulso de tomar o sentimento seriamente, por parecer-me ser o tipo de formulação verbal daquilo que uma pessoa poderia falar – quando tem uma dor na mão, e sua mão "dói". Caso estejamos fazendo um exame físico, diríamos, "Onde fica esta dor?". Ou o paciente mostra-nos o local, em sua própria mão, onde dói, e poderemos continuar o exame a partir desse ponto.

Estou falando sobre um tipo de pessoa que não nos diz "dói"; dizem estar ansiosas ou atemorizadas. Estou convencido de tratar-se simplesmente de uma aproximação, uma tentativa de verbalizar algo ainda não verbalizado: que o paciente sofre de dor.

Recaindo no discurso coloquial, seria algo como alguém ter "dor mental". Penso que trata-se de uma expressão corrompida, mas é o melhor que posso fazer. Poderá ficar mais claro, adiante, o porquê penso que essa expressão é insuficiente.

Se a pessoa em questão for um pintor, empregará muitas tonalidades, tornando a coloração muito mais sutil. Na verdade, o que estará fazendo será explorar a luz – atitude muito próxima de algo que pode ser expresso de modo científico em unidades angstrom, e assim por diante. Não somos tão afortunados em ter algo assim tão preciso – temos que tolerar termos semelhantes à "ansioso", "terrível", "assustado"; ou, por vezes, "Minha última noite foi terrível. Na verdade, tivemos um final de tarde muito bom". O último exemplo é muito efetivo, por nos convidar a não prestar nenhuma atenção ao fato do paciente ter tido um sentimento terrível. Mas, quando o paciente entra no consultório, considero-me uma pessoa de sorte, pois um paciente é tão cooperativo a ponto de enfrentar o problema de ter ido até o consultório e se apresentar; sou por demais afortunado em ter uma chance de observar uma pessoa que não sou eu.

Posso ver ou ouvir uma comunicação – seja lá qual for – que apresenta-me aquilo que atualmente penso ser "escombros mentais" – tudo que possa ter sido acumulado entre o nascimento e aquela manhã, ou tarde em particular; tudo aquilo que possa ter sido aprendido na escola, aquilo que tenha sido proveniente dos progenitores, e proveniente dos sentidos. Não tenho certeza a respeito do assunto – quando foi que nascemos; não tenho a menor ideia de quando começaram a funcionar as fossas ópticas e auditivas; nunca ouvi ninguém sugerir nada a respeito disto, mas é claro que em algum estágio, ocorreu algum desenvolvimento para tornar disponível ao embrião, ou ao feto, aquilo que um dia denominaríamos "sensações", sentimentos, pensamentos, ideias. Não sei se foi uma produção de pressão, ou de ondas do fluido amniótico sobre as fossas ópticas. No entanto, posso ver que, nesse sentido, os escombros sobre os quais discorro podem ser uma coleção importante.

Posso ouvir o paciente, posso vê-lo deitado justamente na borda do divã, e pensar, por que cargas d'água essa pessoa faz isso? Por que não se deita confortavelmente, no meio do divã? Porque não fala nada? Ou por que fica dizendo, "sim, eu sei, sim, eu sei", *ad infinitum*? Por que diz não ter imaginação, ter sonhos, ou não ter sonhos? E assim por diante. Preciso observar *tudo isso* apenas pelo fato de haver uma longínqua possibilidade onde exista um fragmento de informação importante, em meio a todos estes retalhos.

Lamento não ser mais preciso – tudo que posso dizer é que ainda sinto a necessidade de estar cônscio destes escombros, de

## QUARTO SEMINÁRIO 1978

não me permitir qualquer perda da oportunidade de adquirir informação, esperando que em minha mente, similar a um filtro, alcançarei, aqui ou ali, uma parcela bem útil de conhecimento. Se fizermos este tipo de trabalho de modo razoavelmente contínuo, e por longo tempo, talvez possamos ficar um pouco mais sensíveis a fragmentos importantes nos escombros.

Descobri que a perspectiva de um paciente permanecer vindo por dez, quinze, vinte anos é um tanto desagradável – especialmente quando o paciente parecer estar perfeitamente satisfeito com a experiência e com a vida que está levando, mas que me parece ser desastrosa. Mesmo assim, muito da prática médica – não apenas a prática psicanalítica, mas toda prática cuja intenção é de ajudar seres humanos – parece-me carente de discriminação, como se não tivéssemos nenhum modo de selecionarmos e não soubéssemos o que selecionar. Infelizmente, penso que isso é verdade. Hoje, tenho uma ideia melhor, no todo, daquilo que provavelmente vou selecionar; também tenho uma boa ideia – já que é o caso – de como adoraria ser capaz de dizer, "Daqui, não passo: aquilo que não sei, não constitui conhecimento", de simplesmente chegar naquele ponto em que minhas defesas, minha resistência a qualquer nova informação, me protegerá de ter que começar a pensar tudo de novo. Tento resistir a isso; um modo é considerar o paciente que estou vendo como se fosse um paciente totalmente novo. Isso não é totalmente rebelde, pois o tempo passa e as pessoas ficam mais velhas; o paciente que vemos hoje *não* é o mesmo que vimos ontem; nem aquele que começou a enunciar uma sentença é o mesmo paciente que terminou a sentença. Trata-se de um negócio bem doloroso; descobri a enorme dificuldade em recair naquilo que já sei a respeito do paciente, de resistir a pensar tudo de novo, tendo que me confrontar com uma situação, como se fosse inteiramente nova, para a qual preciso trazer uma mente renovada.

Resumindo: apresentam-nos escombros, vestígios ainda vivos daquilo que um dia havia sido o paciente e também do que o paciente pode ser; uma analogia pode ser o soprar brasas, de modo que algumas faíscas comunicam-se com outras; aviva-se a fogueira, mesmo que a aparência seja de cinzas – algo morto. Poderíamos olhar os escombros, detectando alguma chama de vida, por pequena que seja?

[*Falha no áudio, provocando perda nesta parte da palestra.*]

Bion: O que teria ocorrido para Newton engajar-se naquilo que entendo ser uma atividade matemática e passar a falar a respeito da vida? De modo semelhante, o que ocorreu para que Newton tenha se introduzido naquilo que poderia parecer uma investigação teológica? Descartes encontrou-se defendendo uma posição teológica – ele mesmo deu uma explicação muito simples: não gostou do que houve com Galileu, não querendo entrar nessa mesma dificuldade. Tal argumento não serve como boa defesa da afirmação – na verdade, sequer é uma defesa. É claro que Descartes não estava intimidado pelo que ocorreu com Galileu. Repetidamente ocorre este negócio curioso: aparece um estudo, uma investigação; a este, vincula-se algo que parece ser uma ideia ou teoria teológica.

Freud fala a respeito do futuro de uma ilusão (*S. E.* 21; ver *Cogitações*, pp. 374, 378, 379). Uma especulação interessante – no meu pensar –, mas sentir-me-ia mais feliz se pudesse conhecer qual é a ilusão e qual é o futuro que se investiga. Infelizmente, nos tempos atuais, a própria psicanálise incrementou ainda mais o ajuntamento de remanescentes. Não penso que ouve-se falar muito a respeito de figuras paternas, mas já ouvimos o suficiente para entrar nessa barca. Em algum lugar, escondido em todos aqueles escombros, podemos ter um lampejo de um sofrimento real. Fica um tanto

## 70 QUARTO SEMINÁRIO 1978

difícil para analistas obter tal lampejo, pois estamos tão acostumados a ouvir sobre sofrimento humano – como médicos ou cirurgiões, habituados em ouvir sobre ansiedade, e assim por diante, esquecendo então o quanto isso dói e danifica. Portanto, quando estamos ouvindo algo real, precisamos estar alertas quanto ao fato de ficarmos ouvindo apenas os escombros de psicanálise. Não podemos descartá-los, como se fosse apenas um escombro (pelas razões que acabei de fornecer). Portanto, teremos que examinar com minúcia tudo, seja lá o que estivermos sentindo, na probabilidade, mesmo que longínqua, de haver algo que vale a pena, enterrado naquela parafernália. Isso me traz à questão feita no início deste seminário: o que é essa personalidade, mente ou caráter?

Se pudermos diminuir o foco, e dizer do que se trata, poderíamos saber o que investigamos; e por que despendemos tanto tempo e esforço em tal ocupação. É muito fácil alcançar muitas razões, mas ainda sinto haver uma razão *real*, ainda que exista enorme evidência na sugestão de nossa tendência a seguir [*falha na gravação*] mantendo a impressão de que seria uma iluminação real – cura, que bons tempos vão chegar, paraíso, inferno e assim por diante. Pleno de caminhos sedutores – Shakespeare os denomina "forrado por prímulas, és o percurso para o fogo eterno" (*Macbeth*, III. iii) – muito eficientes, seduzindo-nos de modo perpétuo, impulsionando-nos quase irresistivelmente ao caminho errôneo. Curiosamente pujante, a ideia de um "caminho correto": os chineses a chamam de Tao. Em algum tempo, quase todas as raças afirmaram haver um Caminho, um percurso correto. Quando pudermos ver sua presença, merece maior investigação; talvez em um paciente que demonstre, no contato conosco, sinais de que pensa haver um caminho terrorífico, tendo se afastado de, e perdido, tal caminho. Não sei se podemos ter essa mesma ideia a partir de um grupo de pessoas, ou mesmo de uma nação. No presente momento, muitos se perguntam, porque a Inglaterra entrou em tais dificuldades. Parece-me haver muitas explicações, mais ou menos óbvias, como por exemplo, um país que lutou sucessivamente duas Grandes Guerras, sendo o único país a fazê-lo desde o começo até o fim, e então, com certeza, teria que pagar um preço posterior por estes dois fatos (Ver também o Oitavo Seminário). Isso é típico de nossa questão aflitiva: de fato, a própria curiosidade é um pouco incômoda, por impedir nosso descanso; sempre nos conduz a querer saber mais a respeito de algo sobre o qual nada sabemos.

[*Alguém faz uma pergunta, de conteúdo inaudível.*]

Bion: Penso que não conhecemos muita coisa sobre o nosso estado de mente ao dormirmos quando ficamos acordados. Como psicanalista, ensinaram-me muito a respeito de interpretação de sonhos. A única coisa que não me ficou clara é: o que foi o sonho? Pois, quando dizem-me que um paciente teve um sonho, o dito provém de uma pessoa em um estado de mente "acordado" (ver também o Terceiro Seminário). Por vezes, pergunto aos pacientes, "Ontem à noite, onde o senhor ou a senhora esteve? O que viu? Para onde foi?". Não aceito a resposta de que não foram a lugar nenhum, que simplesmente foram para a cama e adormeceram. Continuo pensando, no entanto, que foram para algum lugar e viram alguma coisa. É possível que se um paciente diz que teve um sonho, haja um tipo de vestígio suficientemente robusto para ficar, de modo evidente, disponível quando o paciente acordou. Penso ser muito difícil acreditar que a história contada pelo paciente seja a versão presente do lugar onde este mesmo paciente foi, e do que o paciente viu quando estava em outro estado de mente; em parte, porque sinto, de forma crescente, que existem ocasiões nas quais fica clara a existência do estado de mente quando o paciente estava adormecido. Por exemplo, o paciente que deita na extremidade do divã relata-me ter sonhado

72  QUARTO SEMINÁRIO 1978

que estava sentado sobre o pórtico de uma lareira – um batente tão estreito, impossível para alguém sentar. Assim, dentro de um estado de mente de uma pessoa acordada, persistem curiosos sobreviventes de eventos que haviam ocorrido quando essa mesma pessoa estava adormecida. Em outros momentos, o paciente parece estar acordado, e completamente cônscio[2] do mesmo tipo de circunstâncias, no consultório, em relação às quais eu mesmo fico cônscio. Conforme o paciente prossegue a conversa – pode ser até mesmo por um mês, ou mais – começo a sentir que existe um padrão de comportamento, demonstrando que essa pessoa não experimenta o tipo de vento que eu mesmo experimento. Há muitos termos – "alucinações", "delírios" e assim por diante; formulações em demasiado inadequadas, pois parece que estou testemunhando uma experiência mais sutil – tão sutil que sequer posso fornecer alguma descrição.

Pude, em certa ocasião, falar para um paciente "O senhor diz que rejeitaram seu estudo a respeito daquele assunto. A partir do que o senhor diz, concluo que tratava-se de um bom estudo. Por que fica incomodado com tal rejeição? Caso seja uma boa descrição da experiência real, pessoas ficarão interessadas em ouvir seu estudo". Certas descrições do modo de comportamento de seres humanos parecem atrair muito interesse: caso fosse-me oferecida a opção de ouvir descrições feitas por Shakespeare, ou ouvir aquelas feitas por um psicanalista, penso que teria melhor impressão ou-

---

2  *Aware*, no original. Termo intraduzível, mas que admite uma explicação do significado: equivaleria a um estado de "consciência consciente"; em geral – pois pode depender do sentido da frase – implica em um estado mais dinamicamente profundo do que aquele indicado pelo termo "consciente". Apelando para um termo na verdade sinônimo, mas com a vantagem de ser menos utilizado coloquialmente, pelo menos na atualidade – "cônscio" –, tentamos reforçar este aspecto presente no original em inglês. [N.T.]

vindo a descrição feita por Shakespeare. Aquilo que Shakespeare diz remete-me a pessoas; faz com que eu pense que aquele tipo de pessoa sobre a qual Shakespeare fala, é provável que se comporte exatamente como Shakespeare descreve. No entanto, a maioria dos artigos científicos não me remete para este caminho; não fico esperando pela próxima edição de um periódico especializado de um modo vívido, nem amplo, por pensar que os artigos lá impressos não vão, de modo algum, me remeter ao comportamento de seres humanos, ou, na realidade, como se comportam as pessoas que vejo, ou como eu mesmo me comporto.

Há algo, ou alguma coisa, a respeito de um paciente que aparece em nosso consultório que nos faz sentir que o comportamento desse paciente é *a respeito* de algo, ou de alguma coisa. O paciente poderia dizer: não queria vir, só vim porque mandaram-me vir. Quando um paciente diz que apenas foi mandado, podemos ver a falsidade nesse tipo de enunciado. Não se trata apenas da evidência proveniente da presença física, corpórea da pessoa – algo além está envolvido. Relacionado a este algo, existe a experiência que podemos ter quando se diz que o paciente é muito idealizador, idealiza o analista, fica absolutamente óbvio que essa pessoa assim o faz. Mas o que é "absolutamente óbvio" não tem a menor importância; aquilo que é importante permanece subjacente ao absolutamente óbvio. Caso um paciente descubra que o universo no qual vive não lhe é minimamente suficiente, vai ter que construir, de modo imaginário, um universo melhor, e, portanto, o que importa é *por que* o paciente terá que construir um universo melhor. Seria apenas um caso de teimosia? Ou haverá, de fato, algo de errado em nosso universo? Estas são questões profundas, questões que perturbaram a raça humana ao longo de toda nossa história. Quando obtemos um pedacinho de história aparecendo em nossos consultórios, e este pedacinho tenta nos idealizar, ou idealizar qualquer outra pessoa, o importante nisto é a força, ou energia que está conduzida à tal idealização. O fato de ter emergido sob forma de idealização pode até mesmo ser uma característica, mas o que, na verdade, importa é "o fato"– a "realidade". Há algo a respeito dessa parcela da experiência que poderia ser denominada, "real" – produzindo um sentimento diferente daquele produzido pelo "irreal".

Não gostaria de ser visto como se estivesse criticando, nem menosprezando, meus colegas, como poderia parecer. No entanto, tenho ficado recentemente cada vez mais convencido de que psiquiatras e psicanalistas não acreditam em sofrimento mental, não acreditam em nenhum tratamento para sofrimento mental. Na verdade, vivem dentro de um enquadramento mental muito precário, tentando seriamente acreditar em psicanálise – um esforço horroroso, uma pressão contínua. Contudo, nunca chegam ao ponto de sentir que a pessoa que aparece no consultório de fato, sofre; pensam existir uma abordagem correta. Pode ser, até mesmo, que psicanálise esteja suficientemente próxima daquilo que seria um caminho adequado, algo no qual vale a pena prosseguir. Mas nunca no "sim, eu sei".

Na verdade, é curioso que um analista contando com muitos anos de experiência descubra que seu paciente, realmente, sofre de uma dor. Abre as seguintes questões: quais seriam as dimensões da dor mental? Onde está doendo? A dor é interna? Ou externa? Objeto interno ou externo? Pessoas inteligentes aprendem tudo isso facilmente; uma habilidade técnica, simples de ser obtida, tende a produzir barreiras contra a coisa real.

Uma experiência real – ou "experimentar realidade" – pode constituir-se como algo desagradável, por sempre acarretar o reconhecimento de nossa ignorância. Captamos um pequeno fragmento de conhecimento e pensamos, por que não pudemos vê-lo anteriormente, e por que o estamos vendo neste momento?

Portanto, qualquer coisa que aprendemos faz com que fiquemos cônscios da enormidade daquilo que não conhecemos e da nossa incapacidade em aprender.

Muito sedutor evadir-se do caminho do aprendizado. Permanecemos mal-informados,[3] é possível que isso aconteça pelo nosso imenso gosto em sermos mal-informados, e o resultado disto é: mesmo quando obtemos uma experiência satisfatória, podemos duvidar de sua validade. Podemos ter uma boa certeza de que, seja lá qual for o caso, conseguiremos uma conclusão satisfatória – para quase todos nós, um canto de sereias sempre será audível; sempre somos convidados para explosão em digressões inconsequentes, como A SOLUÇÃO para todos os problemas.

Habituamo-nos com a dificuldade de pensar de modo claro – uma capacidade muito fraca. Qualquer pessoa dotada de capacidade para despertar pode destruir nossa capacidade para pensar de modo claro: ao sermos submetidos à experiência de um paciente nos ameaçar com violência física, aplicada tanto a ele mesmo, como sobre nossa pessoa – será difícil pensar com clareza, enquanto perdura a experiência. Um exemplo exagerado disto, classicamente: a guerra; desperta-se um poderoso temor pela nossa própria existência, de modo que não podemos pensar com clareza. Nesse aspecto, um soldado *real* difere do soldado amador, aquele que não conseguiu um treinamento profissional ou não se engajou em alguma vocação que lhe seja natural. Há uma enorme diferença entre este tipo de pessoa e outro tipo, que é apenas um soldado temporário.

---

3 *Mislead*, no original. Preferencialmente traduzível por desinformação, ou mal-informação, também inclui engano intencional, mentira, distorção. A amplitude e profundidade do prefixo "mis-", em inglês, não é conseguido pela versão portuguesa, "des-". [N.T.]

76  QUARTO SEMINÁRIO 1978

[*Outra pessoa faz uma pergunta, de conteúdo inaudível.*]

Bion: Simpatizo muito com o intuito de filósofos: o de pensar claramente; e também com as objeções que mantêm frente a qualquer coisa que comprometa tal capacidade. Mas também mantenho enorme respeito por fatos – mesmo aqueles que não conheço.

No que diz respeito às objeções contra a psicanálise, ou contra teorias da Sra. Klein, e assim por diante, não fico muito preocupado com pessoas que não acreditam nestas teorias. Uma das razões: não suponho que estas teorias serão expressas adequadamente. Qualquer formulação teórica é, deveras, uma cristalização dessa mesma teoria. Não promove espaço para crescimento ou desenvolvimento mental – no entanto, cristalizações teóricas também provocam crescimento e desenvolvimento mental.

Um analista precisa deixar espaço para algum crescimento de ideias germinadas na experiência analítica, ainda que o germe de uma ideia vá suplantar, tanto o analista, como suas teorias. Não tomo muito a sério as objeções às teorias kleinianas pelo fato dessas teorias manterem enorme semelhança a pecados: todos ficam contra, mas todos as praticam secretamente. Práticas secretas têm um modo de continuar se espalhando, e se for capaz de desenvolvimento, melhor para todos nós.

Às vezes, suponho que a raça humana chegou ao fim da estrada: simplesmente, a capacidade para pensar com clareza da raça humana é inadequada para a tarefa a ser executada. Se os astrônomos estão aproximadamente corretos em pensar que descobriram buracos negros, por exemplo, nos quais não se aplicam as leis (conforme as denominamos) da física e da química, então a questão é: seremos capazes de encontrar algum modo de pensar, ou de lidar com estas situações?

*P: [inaudível]... a questão é que se pode assassinar a psicanálise, ou um pensamento pode ser aniquilado, tanto no indivíduo, como no grupo, assim que este mesmo pensamento tenha encontrado um pensador.*

Bion: Penso que o indivíduo pode ser aniquilado; não vejo nenhuma razão especial para excluirmos a possibilidade da raça humana eliminar a si mesma da face da terra. Nos tempos atuais, há suficiente capacidade técnica para produzir bombas, de fato, efetivas. No entanto, não vejo que verdade (seja qual for) será aniquilada; não penso que há importância se podemos captar verdade, ou não. Não me parece que o *status* de leis da química etc. seja maior do que o *status* das leis da gramática, ou do discurso na língua inglesa – leis muito úteis quando o intuito é uma comunicação verbal –, mas parece-me totalmente fútil supor-se que o próprio universo obedece as leis da gramática inglesa. Mesmo assim, comportamo-nos frequentemente como se este tipo de lei fosse algo mais do que sintomas de nossa capacidade lógica.

Os Intuicionistas desafiam a postura dos matemáticos formalistas, dos lógicos – mesmo que seja difícil, para a maioria de nós, compreender o que os Intuicionistas dizem. Ainda que possamos não entender, ou que os Intuicionistas estejam enganados, eles podem estar corretos em um aspecto: que uma construção puramente lógica não chega muito longe, não tem a capacidade de *fazer* construções lógicas, pois aquilo que precisa ser captado – verdade – pode estar muito além de nossa capacidade.

Mas não nos concerne se a raça humana é descartável; o que nos concerne é a amplitude daquilo que permanece dentro das nossas capacidades em existir de um modo em que o viver valha a pena. A capacidade para pensar tem oferecido pouquíssima premiação, contrastando com posses materiais; fica difícil conseguir pessoas que possam se dar conta da possibilidade em haver algo para ser dito quanto a usufrutos agradáveis e utilidade no pensar.

# QUINTO SEMINÁRIO 1978

# 4 de julho

*[Apenas pequena parte deste seminário foi gravada.]*

Bion: Essa mobilização é algo externo ao grupo, a mobilização de pessoas que se concentram no corpo, tentando manter a mente em seu devido lugar. O desenvolvimento da mente tem sido um incômodo terrível, causando enorme quantidade de problemas. Penso que permanecemos assustados com tal desenvolvimento. É por isso que *[inaudível]...* denomino "pensamentos selvagens"; alguém que der abrigo a esses pensamentos esvoaçando, buscando morada, procurando um pensador para pensá-los.

*P: [inaudível] ... reuniu dois conceitos diferentes – um, o elemento beta, e o outro, o aparelho protomental. Não vejo como se associam [inaudível] ... apenas para a evacuação, mas agora o senhor parece dizer que os dois se manifestam em fenômenos somáticos, hábitos e coisas desse tipo.*

Bion: Inventei o termo com a ideia de que ele pudesse ser um lugar vago, um espaço "disponível", por assim dizer, podendo ser utilizado para esclarecer alguma coisa. Mas certas coisas de fato parecem sugerir a existência dessa combinação entre o corpo e a mente. Por que os antigos anatomistas chamaram uma parte do cérebro de "rinencéfalo"? Por que um cérebro nasal? Por que um certo paciente está sempre queixando de rinite? Psicossomático? Somatopsicótico? Façam sua escolha. "Sangue puro e eloquente, falou em suas faces; expressou-se tão claramente, quase se podia dizer que seu corpo pensava" (John Donne, "O Segundo Aniversário").

Alguns dos pensamentos da velhice de Confúcio, ou de seguidores, parecem sugerir uma espécie de abordagem física para aquilo que consideramos como sintomas ou doenças mentais; sugerem alguma forma de atividade atlética como tratamento, como se pensassem em uma abordagem feita através do corpo para atingir níveis muito primitivos da mente. Quando pensamos nessa tendência, verificamos que nossos próprios pacientes, em algum momento, dedicam-se a práticas como dança, ginástica ou ginásticas eurítmicas, movidos por necessidade e urgência em trazer a capacidade atlética para alguma atividade tão intensamente direcionada ao pensamento como a psicanálise. Muitas vezes é nítido que isso é usado como substituto para a psicanálise, mas não necessariamente – pode constituir-se como auxiliar útil.

*P: Tendo em mente o exemplo que o senhor nos deu, sobre um menino aprendendo que dois e dois são quatro, sem entender (ver o Quarto Seminário), e sobre a possibilidade de um conhecimento teórico acumular-se através de internalização e conversão em sabedoria, pensaria ser inevitável que tenhamos que nos submeter a um processo*

*de intensa assimilação antes que possamos rejeitar detri-*
*tos desnecessários? Existirá alguma maneira de contor-*
*nar isso? Seria necessário acumular tudo isso antes que*
*se possa descartar o entulho para obter clareza?*

Bion: Não encontrei nenhuma outra maneira. Apesar de ter motivos de sobra para estar ciente dos defeitos da abordagem analítica, nunca pensei em nada melhor. Havendo sensibilidade para perceber o que se passa, os defeitos da psicanálise impõem-se de modo dolorosamente óbvio, tanto para o analista quanto para o analisando. Não conheço nenhum jeito para evitá-lo. Há até mesmo o risco, no sistema educacional, em fazer-se a suposição sobre a existência de algum método para evitar dor. Não penso que exista algum modo para ensinarmos matemática, piano ou violino, de forma a evitar que o aluno pense: "Depois de aprender esse negócio maldito, nunca mais vou fazer isso de novo – nunca mais vou me submeter, de forma voluntária, a experiências musical ou matemática". Não tem jeito; gostaria que o processo educativo fosse tal que uma pessoa pensasse ter aprendido violino por realmente gostar de continuar aprendendo. Se não for assim, veremos uma situação na qual um músico, por demais talentoso, tem um colapso, concentrando-se então no ensino do instrumento, em vez de dar concertos, fundamentalmente por causa da rebelião contra sua própria capacidade – quanto melhor músico for, mais hostilidade sentirá contra uma capacidade que faz com que ele gaste toda a sua vida como musicista, ou mesmo como professor. Penso que tudo que puder ser dito para não exagerar aquilo que, de qualquer modo, é um procedimento doloroso, precisará ser dito; aprender qualquer coisa nova parece doer muito.

*P: O senhor poderia falar um pouco mais sobre a rebe-*
*lião das pessoas contra suas próprias capacidades e*
*talentos, sentindo que tornaram-se escravos...*

## 82 QUINTO SEMINÁRIO 1978

Bion: Considero que isso acontece com coisas realmente fundamentais. Por exemplo, uma criança com potencial maternal ou paternal pode perceber, com nitidez, que sua mãe ou pai não têm sabedoria para lidar com um irmão mais novo. Entretanto, essa criança será incapaz de fazer melhor; caso seja incumbida de cuidar do irmãozinho, fará uma tarefa ineficaz. Pessoas assim têm que suportar muitos anos de frustração até alcançarem uma oportunidade para serem um pai, ou mãe. Nessa altura talvez odeiem qualquer coisa relacionada ao que hoje chamamos de "sexo", pois consideram sexo como aquilo que as fez cair em problemas, quando tiverem filhos e filhas. Isso parece agir contra a própria capacidade de ser maternal ou paternal; influencia de forma negativa a solução do problema, contribuindo com as dificuldades que surgem diante de qualquer tentativa de harmonizar a personalidade – como viver uma harmonia pacífica entre os vários impulsos internos ao próprio ser. O trabalho de cuidar dessa família interna é demais para a criança. Essa é uma razão pela qual penso que a análise de crianças pode ser extremamente criativa, liberando essas capacidades de tal modo que possam ser harmonizadas.

> P: O que torna possível diferenciar entre experiências do "eu" e do "não-eu"?

Bion: Não sei – não fico nada satisfeito com tentativas de falar sobre uma alma, uma personalidade, uma superalma, um id, um ego, um superego e assim por diante. Termos que, para mim, significam pouco, pouquíssimo; em minha experiência analítica é mínimo o que corresponde a essas definições. Na Sociedade de Jesus há uma ideia, a de "*arbitrium*": trata-se de uma instância que decide, que tem uma função executiva e que representa a comunidade dos interesses de cada um ou dos interesses conflitantes de cada um.

Câncer... uma destas enfermidades de enorme urgência, possuindo uma qualidade: avidez indisciplinada, indiferenciada, havendo apenas uma estratégia onde todos os cânceres concordam entre si, qual seja, o projeto de devorar o corpo que parasitam. No entanto, há verdadeira abundância de cânceres que não são físicos; no futuro, haverá maior facilidade para detectar-se estes cânceres não físicos, naquele tipo de mente muito talentosa para mobilizar todas as sua capacidades conectadas ao "extrair", em contraste com um tipo específico de amor que é "doador". A pessoa "extrativa", metaforicamente, sugar toda a vida de um grupo; e este grupo "sugado" sucumbirá, pouco a pouco, pela presença da pessoa que lhe extrai toda a vida.

# SEXTO SEMINÁRIO 1978

## 5 de julho

Bion: Uma dificuldade prática é o exame minucioso daquilo que denominei restos – de modo informal – pois odiaria caso se tornasse um termo técnico. Quero dizer algo com este termo; ficará mais claro, talvez, caso possa prosseguir discorrendo sobre ele.

Quando um analisando entra na sala, será possível ver a situação como um todo, por assim dizer, despojados, na medida do possível, de nossos próprios preconceitos, para haver uma probabilidade de conectarmo-nos conscientemente com algum fato demandando observação? Ainda que eu esteja envolvido em uma conversa com o paciente, também fico emocionalmente atento ao fato de que este paciente possui um corpo e uma mente. Tal divisão – corpo e mente – é apropriada para fins de conversação; no entanto, constitui-se como distorção dos fatos, pois o paciente não é "um corpo e uma mente". Considero útil pensar em uma pessoa como "você Mesmo". Também gostaria de tornar mais claro o que quero dizer com "você Mesmo", pois pretendo enfatizar qualidades somáticas ou mentais.

Tomemos como exemplo um paciente, aparentemente saudável, em boa forma física. Entra, dirige-se ao divã e deita-se. Depois de um certo tempo, notamos que essa pessoa não desarruma o revestimento do divã; ao se levantar para sair, sequer precisamos alisar a superfície – quase não houve movimento. A observação continua, permitindo revelar um padrão (como Freud colocou, citando Charcot); nota-se que o paciente sempre se deita precisa e exatamente no mesmo lugar. Nada de extraordinário nisso, mas quando deita-se exatamente no mesmo lugar, dia após dia, semana após semana, ano após ano, penso que suspeitaríamos que essa pessoa bem poderia estar na borda de um precipício; levando em conta sua movimentação física, fica do mesmo modo como se estivesse em catalepsia.

Leva muito tempo até que possamos ver esse tipo de ponto, que vai se construindo no tempo, e então enxergamos algo de peculiar. A próxima coisa que notamos é que essa pessoa diz não sonhar. Frente à pergunta: "Onde você estava na noite passada? O que viu?", responde: "Você quer dizer que eu tive um sonho?". O que aparece, agora, é de forma notável idêntico a um fato que já conhecemos. Podemos então pensar que este homem está em algum lugar entre o consciente e o inconsciente – nem no primeiro, nem no segundo, como costumo considerar. Penso que ele está certo quando diz que não sonha. Também está certo quando diz que não tem imaginação. Esteja relatando fatos ou contando sonhos – o que ele mesmo chama de sonhos – de fato dá no mesmo, ou seja, um tipo de contraparte mental de um estado cataléptico. Não é de se admirar que nunca faça progresso: dei-lhe interpretações baseado em ideias de que certos elementos são conscientes e outros, inconscientes.

Tive o mesmo tipo de experiência com outro paciente. Alguém que, aparentemente, jamais tinha tido uma experiência frustrante, nunca havia ficado familiarizado com frustração nem ficado cônscio da existência de algo semelhante; portanto, inexistia qualquer oportunidade de experimentar frustração nas sessões analíticas e, de modo algum, a possibilidade de dizer-lhe como eu considerava o fato. Não havia material para interpretar: tive que promover uma variação. Tinha que achar um vértice sob o qual a aparência desse tipo de coisa ficasse diferente. Fiz uma conjectura: o que estava errado nessa história? Este tipo de comportamento, um dia depois do outro, aparentando não haver progresso nenhum; sem objeção a respeito da falta de progresso. Ocorreu-me que as várias interpretações poderiam estar chegando ao paciente como algo inteiramente óbvio, como se eu estivesse repetindo para essa pessoa tudo que ele havia acabado de me contar; o paciente dizia: "Saí ontem para fazer umas compras"; e eu dizia, "sim, ontem o senhor saiu e fez umas compras". Portanto, a questão é: onde está a esquisitice dessa história?

A partir desse ponto de vista, posso variar, de modo gradual, para um vértice a partir do qual a forma que essa coisa possui se torna mais clara. Por exemplo (isto é algo que me foi relatado, não é minha experiência), um paciente frequentou análise por muitos anos, sendo então internado no hospital: estava na fase terminal de um câncer. Pediu para ver o analista, criticando-o acerbamente por não perceber a gravidade do problema, julgando que a falha era não ter ouvido o que o paciente sempre havia falado. Por que desejou ver o analista? Apenas com o intuito de ter uma chance para desabafar, de dizer o quanto odiava o analista e o quão desprezível tinha sido o trabalho desse analista?

Há algo muito esquisito nessa história. Se for verdade – não duvido que seja – sobre a fase terminal, poder-se-ia pensar que tal pessoa iria concentrar-se em como ocuparia estas restantes horas de vida, ou dias, ou possivelmente semanas, de modo tal que valesse a pena. Por que teria pedido para ver o analista, apenas para mostrar desprezo?

Sugeri ao analista que tentasse prestar atenção nesse fato, pois me pareceu que esse paciente nunca ousara expressar seus sentimentos de raiva e frustração. O mais próximo que chegara dessa sensação de liberdade foi com o analista. Não seria nada bom, caso expressasse este tipo de coisa para algum membro da equipe hospitalar, já que todos se ocupavam em contar histórias tranquilizadoras: como estava o seu estado, sugerindo várias formas de quimioterapia e assim por diante. Penso que este paciente ansiava pela oportunidade de contar ao analista o que de fato sentia; e de conseguir do analista, uma vez mais, a verdade. O paciente talvez quisesse ouvir pelo menos uma pequena dose de verdade pela última vez antes de morrer – uma espécie de último voo. É isso que quero dizer sobre mudar o vértice, para ver o que há de errado com essa história.

O analista pôs minha sugestão à prova e ficou surpreendido e aliviado: o paciente começou a falar sobre outras coisas, inclusive sobre como estava desgostoso com a aparelhagem à sua volta – destinada a preservar sua vida, mas muito eficiente em tornar suas poucas horas de vida remanescentes extremamente desconfortáveis. Sob o ponto de vista mental, constituía-se como situação nada convincente. Ninguém quer ser transformado em uma espécie de preparado de nervos e músculos a ser mantido vivo apenas para ver os músculos se contraírem – era quase isso que ocorria. A visão filosófica subjacente é que as pessoas precisam ter suas vidas preservadas por quaisquer meios artificiais disponíveis, sem se considerar se querem ou não continuar vivendo.

O paciente que não me comunicava nenhum fato parecia não ter vida alguma. No entanto, sempre ficava relatando coisas sobre outras pessoas, nunca experimentando frustração. Não precisava, pois *eu* me sentia frustrado, como seu analista. Uma explicação tão óbvia, que se pode sentir meio desconfiado dela. Penso que essa é uma situação na qual o paciente está projetando parte de si mesmo para dentro de minha pessoa, de tal modo que se alguém vai experimentar frustração, serei eu, e não ele. Ninguém sabe onde este paciente está – nem ele próprio. Desse ponto de vista, alguém poderia localizar a frustração no consultório, caso fosse apenas frustração sentida por este mesmo alguém. Na verdade, havia uma falha nessa localização da frustração. É uma situação realmente misteriosa essa de cair nesse tipo de falha, a de ter esta experiência de ser alguém que sente-se frustrado, de muitas maneiras, enquanto o paciente fica livre de frustrar-se. Sente-se a necessidade de haver alguns fatos para dar suporte a essa situação – o que habitualmente considera-se como fatos –, mas aquilo que habitualmente *eu* chamo de fatos não estavam lá.

Não conheço nenhuma maneira de investigar isso além de análise e ter esse tipo de experiência, na qual se possa localizar o sintoma apresentado. Nesse caso, o sintoma era a minha frustração. Depois que eu percebi isso, e depois que notei que nunca acontecia nada com esse paciente, dei-me conta de que todas aquelas pessoas que o paciente mencionava eram partes do seu próprio *self*. A única evidência que tive eram meus próprios sentimentos e, nesse momento, o problema ficou sendo: como comunicar isso ao paciente?

Ainda hesitante, acabei dando a interpretação: "Penso que o senhor está fazendo com que eu me sinta frustrado ao invés do senhor ficar, e assim não terá nenhum sentimento de frustração". Sua resposta imediata: uma explosão de raiva e hostilidade. Disse-lhe então: "Assim que falei, o senhor não se deu conta de que era para o senhor que eu estava falando; reagiu exatamente como se sentisse

90   SEXTO SEMINÁRIO 1978

que eu havia soprado palavras para dentro de sua pessoa, palavras que não queria". Desse modo, progredimos um pouco: tornou-se cada vez mais claro que a situação analítica não era uma simples conversa entre dois seres humanos; que era isso que parecia soar, e qualquer um poderia ser perdoado por pensar que seria apenas isso, mas não era. Não se trata de um bebê ou criança; não se trata de uma fantasia onipotente, do tipo daquela descrita por Melanie Klein. Penso que a descrição de Klein deve ser mantida, porque é válida. No entanto, é necessário distingui-la da experiência que tento descrever. É muito difícil descrevê-la para alguém que não tenha tal experiência, mas para quem tenha participado dela, será inconfundível.

Aprendi com experiências desse tipo que a evidência que nos fica disponível, por qualquer paciente que de fato compareça à sessão, é muito maior, e mais consequente, do que qualquer coisa que ouvimos falar – evidência do tipo "ouvir falar",[1] evidências que o paciente nos dá sobre outras pessoas. Quando interpretei estes fatos – que alguém havia escrito uma carta, ou descrições sobre a relação do paciente com outra pessoa, mas nada em absoluto sobre o paciente – estava muito enganado, tratando o ouvir falar como se tivessem alguma importância real. Suponho serem de importância real com pacientes menos perturbados; ou se estamos lidando com pessoas cujo grau de perturbação seja menor; mas coloco o "ouvir dizer" em uma categoria de evidência analítica muitíssimo baixa.

*P: Será que a situação descrita pelo senhor poderia ser parte do self indesejada – o paciente não suporta recebê-la*

---

1   *Hearsay*, no original. O leitor pode consultar o Segundo Seminário para maior expansão sobre esta concepção. [N.T.]

*de volta? Poderia acontecer nos casos em que o paciente sente que não há onde colocar, de modo seguro, essa parte fora de si, e que seria atacado dentro de si mesmo?*

Bion: Penso que isso acontece. No entanto, com certos pacientes há de se passar primeiro pela fase que estou descrevendo. Há uma reação peculiar: o paciente se sente pior. Muitas pessoas são levadas a interferir, pois o paciente está muito pior. Tudo isso ocorre fora do consultório. Não tenho nenhum modo para ver como acontece. Tenho certeza de que os métodos utilizados são, em boa parte, idênticos aos observados no meu consultório. À medida que o paciente realmente começa a trazer tudo isso para dentro de si, penso que aumenta muito um ressentimento do paciente com relação à análise, às interpretações do analista, a si mesmo por estar participando de tudo isso, e aumentam também riscos de suicídio. Os pacientes, muito provavelmente, não vão nos agredir – não descarto tal possibilidade, em especial se houver disponibilidade de armas letais –, mas pacientes podem fazer ataques letais a si mesmos. Podemos como analistas ser chamados à atenção por pessoas de fora do consultório: "Seu paciente está muito doente; não se alimenta há pelo menos cinco ou seis dias". Aparece um surto do que costumávamos chamar "atuação".[2] Não tenho muita certeza do que descreveria como atuação, em parte pela falta de qualquer sistema descritivo de espaço mental. *Posso* recorrer a isso quando do fico ciente do sentimento de frustração, contrastando com um paciente que não tem este sentimento; posso localizar o que ocorre, e dizer: "Aqui está". Mas quando tudo cessa, e começam a me perseguir com telefonemas e interrupções de outras ori-

---

2 *Acting out*, no original. [N.T.]

92  SEXTO SEMINÁRIO 1978

gens, não posso mais localizar o lugar onde dói. Ainda não há um lugar onde dói; o paciente não tem desconforto por falta de comida – poder-se-ia chamar uma ambulância caso o paciente caísse na rua, e se fosse descoberto que sofria de desnutrição – mas não foi isso que aconteceu.

Fiquei sabendo que o paciente, por muito tempo incapaz de obter emprego, encontrara trabalho em um lugar onde havia comida disponível; *estava* se alimentando. É muito difícil ver por que, ou como, todos ao seu redor de repente tornaram-se cientes da desnutrição, justamente quando ele estava se alimentando. Penso, com toda certeza, de que há uma fase perigosa na análise, quando ocorre, no paciente, uma retomada de sentimentos assassinos; é bem possível que ele se mate, de uma forma ou de outra. Este paciente em particular não estava praticando suicídio, mas não vejo razão para excluir a possibilidade.

*P: Aquilo que o senhor denomina "mudança catastrófica" constitui a dificuldade em promover uma variação em relação ao sentimento de que não estão acontecendo eventos habituais no consultório, para ser capaz de ver que estão acontecendo coisas estranhas?*

Bion: Penso que sim. Não sei bem como abordar este tipo de coisa. Um aspecto é a dificuldade em observar uma mudança na análise. Hoje em dia, atribuiria essa dificuldade ao fato de que, naquela época, ainda não havia aprendido que em uma análise é necessário deixar espaço para crescimento ou desenvolvimento. Tenho que tomar emprestado da linguagem comum certos termos, como "é necessário deixar espaço". Não conheço nenhum modo para descrever espaço mental; não conheço nenhuma maneira de descrevê-lo, ainda que tenha escrito um artigo[3] (Los Angeles, 1975) falando sobre despedaçamento, colapso, avanço, adentrar, irromper – faça sua escolha. Ouvimos pessoas que escolhem uma dessas opções, queixando-se de estarem se "despedaçando", ou tendo um "colapso". No entanto, a variação, quando começam a sentir que estão "avançando", é diferente.

Recentemente, tive a oportunidade de trazer um fato à atenção de uma ou duas pessoas com experiência analítica: começavam a acreditar sobre a existência real de algo como um machucado mental. Fica difícil de acreditar, pois comunicações verbais são feitas em moeda depreciada e degenerada, tornando palavras como "angústia", "constrangimento" e assim por diante em algo pouco significativo. Ninguém de fato acredita que tenham significado, mas no consultório, "constrangimento" significa dor mental. Às vezes é necessário distinguir entre os diferentes significados de uma mesma palavra; é muito comum abusar das palavras "sexo" e "amor". "Foi muito agradável", disse um paciente. Precisamos decidir se a entonação significa que o paciente teve uma experiência de grandes ganhos ou se no final das contas conseguiu um modo de dar algo a outra pessoa. Penso que é raro encontrar um analista acreditando tanto em dor mental como na possibilidade de cura, no sentido de algum alívio genuíno. Claro, o pior de tudo é que a palavra "cura" ficou praticamente sem sentido; quando obtém algum, refere-se, de modo usual, a algo bonito ou prazeroso – não à capacidade de estar consciente do universo em que se vive. A mudança à qual refiro não é um tipo de desenvolvimento gradual, tampouco algo que ocorre inteiro, só uma vez, mas sim aos solavancos. "*Estou vendo*", diz o paciente, e às vezes sentimos que *de fato* o paciente viu algo. É muito diferente de dizer, "Sim, estou

---

3 *The Complete Works of W. R. Bion*, por Francesca Bion; Karnac Books, 2014. [N.T.]

## 94 SEXTO SEMINÁRIO 1978

sabendo". Quando há este grau de exagero, fica fácil detectar, mas na maioria das vezes não é tão simples; nem fica fácil distinguir entre as várias entonações. Um músico pode ficar melhor capacitado para fazer isso, especialmente um cantor. Penso que qualquer músico provavelmente poderia se aproximar mais da detecção de diferenças mínimas no tom. Ao falar "mínimas", realmente quero dizer algo muito, muito pequeno.

Esta é a ideia de uma grade:[4] uma classificação muito imprecisa, para categorizar as ideias de cada analista acerca do tipo de comunicação que está ocorrendo. Cada analista terá de reformular a grade para adequá-la à sua própria experiência. Ela é apenas uma espécie de sugestão preliminar. Se a grade for colocada em um desenho em perspectiva, ficará mais aparente que se constitui como grelha; os espaços entre as várias categorias ficariam cada vez menores e menores e menores. (Ver *Bion in New York and São Paulo*, pp. 91-92.) Se for possível olhar angústia/medo dessa forma, o espaço vai ficando mais e mais estreito, tornando-se apenas uma fissura, e aquilo que era uma enorme diferença entre angústia e medo torna-se uma diferença muito pequenina. Precisamos detectar justamente estas diferenças minúsculas. Sendo assim, a observação torna-se uma questão de se ter um ouvido muito aguçado para ouvir, provavelmente reforçado pelo que se pode ver. No desenvolvimento embrionário, há dois extremamente primitivos, colocados nos termos de fossas ópticas e auditivas.

---

4    *Grid*, no original. Vertemos como "grade" por ser um termo consagrado pelo uso no Brasil, conforme tentamos deixar claro em outras traduções e textos (por exemplo, em *Elementos de Psicanálise*, Imago, Rio de Janeiro, 2002). Bion discorre sobre esta questão neste seminário, como o fez no ano seguinte, em Nova York. Há outras versões – como a utilizada em Portugal, grelha – que se aproximam mais precisamente do original em inglês, por conservar o aspecto dinâmico do instrumento idealizado por Bion. [N.T.]

Na descrição bem imprecisa dos embriologistas, onde o embrião humano passa por alguns estágios: piscoso, anfíbio e assim por diante, podemos ver uma mudança na potência relativa do embrião de – observar? perceber? Não sei como denominar, pois temos que tomar tais palavras do discurso consciente comum, na vida em vigília. Mas um sentido olfativo torna-se uma percepção de longo alcance; uma criatura primitiva – como um tubarão – é capaz de sentir, em meio aquoso, odor de alimentos a uma distância muito longa. O carácter daquilo que o embrião pode ouvir e ver também muda completamente; não faço a menor ideia de como denominar isso, mas um dia aquela pessoa pode aparecer como um paciente que fica perpetuamente mostrando sinais de que algo sem qualquer explicação está acontecendo no consultório. Refiro-me a algo como:

*Analista: Bom dia. O que poderia fazer pelo senhor?*

*Paciente: Foi para descobrir isso que vim até seu consultório, doutor.*

*A. Quero dizer, qual seria sua queixa?*

*P. Pensei que o senhor iria me dizer; que saberia a respeito do que estive reclamando.*

Depois da terceira pergunta, torna-se muito claro que estamos no caminho errado; persistir nessa conversa será inútil.

Por que razão aquele paciente veio ao consultório? É óbvio que não podemos saber, não estávamos nesse local, mas seria surpreendente se algo semelhante não acontecesse no consultório de qualquer um de nós, com algum paciente.

Outro exemplo: notei, depois de muito tempo – demasiadamente longo até que eu me desse conta disso – que um paciente

## 96 SEXTO SEMINÁRIO 1978

possuía um olfato extremamente sensível. Poderia ser detectado, de modo fácil; o paciente chegava com todas as essências da Arábia. Parecia óbvio: o insuportável odor era justamente aquele que seu sentido olfativo em estado puro detectava. Depois de um tempo, começou a responder a estímulos de pequeníssimo alcance; assim que entrava na sala, era capaz de dizer o que o paciente anterior havia deixado.

Esses mesmos aspectos aplicam-se à questão da mudança na situação emocional em análise. Fica difícil, quando há tanto barulho do passado, daquilo que já vimos nesse paciente, um excesso de evidências impedindo-nos de detectar pequenas mudanças – até alcançarem uma proporção onde este paciente, que sequer podia trabalhar, começa a fazê-lo (talvez sem ter nos dito); nos é permitido descobrir este fato, dele ter conseguido trabalho, reunindo as menores indicações possíveis, como a dificuldade que o paciente teve em conseguir selos para correio. Fica por nossa conta descobrir que o paciente precisava de selos para um trabalho que está fazendo – não apenas isso, mas são necessárias várias horas de trabalho até podermos ver tudo isso, pode-se notar encaixando todas essas informações.

*P: Haveria alguma conexão com o fato de existirem sinais sutis de que algo como medo do paciente de algum objeto nada receptivo, rígido ou hostil, faria objeções assim que sentisse que as coisas estavam se movimentando?*

Bion: Isso, com toda certeza, é uma parte importante, pois esses pacientes não estão progredindo apenas, mas é possível que sejam mais sensíveis, se comparados com a maioria das pessoas. O resultado é que podem ficar dolorosamente conscientes da realidade, ou de hostilidade e inveja. Se serão capazes de suportar o tipo de universo no qual vivem... dependerá do grau de robustez de que tenham sido dotados. Utilizo a palavra "universo" para dizer tudo que se refere aos contatos privados e imediatos e também à sociedade da qual são membros.

Gostaria de falar um pouco mais a respeito disso, mas sob uma abordagem bem diferente – sob a abordagem da "voga", no sentido de se tratar de uma força muito poderosa. Não é reconhecida como tal, pois, no geral, esses modismos – subsidiários da mesma voga – são extremamente efêmeros. Vogas não são efêmeras; são características muito poderosas, trazendo consigo uma pressão para que as pessoas se conformem com o modismo prevalente. Algumas vezes, pode-se postergar o modismo: o modismo de hoje pode não ficar generalizado, por, digamos, um ano, e então torna-se lugar-comum. A psicanálise esteve, durante certo tempo, muito na moda; pessoas que, com frequência, não sabiam do que se tratava buzinavam termos psicanalíticos com toda liberdade e jamais se submetiam à longa disciplina requerida para descobrir o que é psicanálise.

Da mesma forma, podemos descobrir que nos tornamos moda – ficamos sob pressão extrema para agir ou nos comportar como se fôssemos pessoas importantes, quando sabemos perfeitamente bem que não somos importantes, que a moda vai mudar em questão de horas, dias ou semanas. Isso é a voga; por um tempo, ficamos sob tal pressão. Vai se tornando claro que derramam honrarias na esperança de que não emerjamos da profundidade desse abuso.

O terapeuta de grupo precisaria estar ciente – sempre – de que, de tempos em tempos, à medida que a moda circula no grupo, *o próprio* terapeuta torna-se a moda, ou suas ideias são tratadas

98    SEXTO SEMINÁRIO 1978

como se fossem importantes. Se não estivermos conscientes, é provável que acreditemos nesse tipo de coisa; a intensidade do sentimento sempre poderá fazer-nos chegar a um ponto tal, em que não seremos capazes de pensar com clareza. O exemplo mais nítido disso é a guerra. Esperamos intimidar tanto o inimigo que ele não seja capaz de pensar claramente. Não é tão dramático ou óbvio em tempos de paz, mas continua presente.

Chamo de voga o grande componente disso; algo básico por trás de modismos, de modas em ideias. Um paciente em desenvolvimento precisa lutar contra esse tipo de pressão; algumas vezes, torna-se importante chamar a atenção do paciente: "Acho que o senhor está arranjando grandes problemas, pois alguém está começando a pensar que o senhor está se melhorando". Quando tornam-se acostumadas com o fato de alguém ser neurótico ou psicótico, elas não gostam de ter que mudar seus julgamentos, porque será mais difícil desprezar aquele alguém. Mesmo um grupo – digamos, composto por psicanalistas, psiquiatras, assistentes psiquiátricos e assim por diante – sempre vai entrar em problemas caso não se possa desprezá-los como se fossem um bando de malucos. Não penso que a sociedade continuaria a nos amar se ficasse claro que, de fato, há algo em que possamos contribuir e, possivelmente, outros não poderiam.

Essas mudanças parecem ocorrer em pequenos saltos, quase imperceptíveis, mas à medida que se acrescentam, resultam em muita coisa.

*P: O senhor diria que cada pequeno salto precisa romper algo que lhe opõe resistência?*

Bion: Sim. No entanto, é muito difícil conhecer essa resistência. Recordo-me de um fato: Picasso podia tomar um vidro e pintar sobre uma das faces. Quando via-se a outra face do mesmo vidro, o desenho parecia diferente. Vi um exemplo disso em um desenho feito por uma criança: disse-me ser uma casa e uma árvore. No outro lado da folha de papel havia um rabisco sem qualquer sentido. No entanto, segurando o desenho no contraluz, o rabisco sem sentido brilhava através do papel, e o desenho ficava bem diferente: era alguém regando uma planta.

Como disse ontem, é interessante – e importante – saber que uma criança não consegue entender matemática, e por que 2 mais 2 são 4; mas queremos saber é *o que* 2 mais 2 fazem? Em outras palavras, olhemos para o outro lado da assim chamada resistência; olhemos para a resistência de tal modo que aquilo que resiste brilhe através da resistência. Quando fica nítido que a análise está sendo resistida, o que está brilhando através dessa análise?

Tomando o exemplo a respeito de um paciente hospitalizado, quase falecendo por câncer: pareceu-me muito improvável que mantivesse o desejo de gastar as poucas horas restantes apenas para humilhar outra pessoa – a não ser, é óbvio, que não tivesse tido a grande sorte de estar morrendo de enfermidade fatal. Não é simplesmente uma questão de "mudar o vértice"; é também estar capacitado a enxergar através da resistência ou da contratransferência, ou seja lá o que for. Todos esses termos são, de fato, muito úteis; no entanto, teorias analíticas têm sido muito boas para tornar a si mesmas redundantes. Parece haver a necessidade de passar por esse processo, para torná-las redundantes, para desatualizá-las, para sentirmo-nos, a nós mesmos, desatualizados.

*P: Fico me perguntando se está implícito naquilo que o senhor diz sobre o impacto da mudança que o paciente, além de suas próprias resistências, também teve que*

*lutar contra a resistência do analista que, como parece*
*pela sua argumentação, também teria que mudar.*

Bion: Sim, com certeza. Dei o exemplo de pessoas que pensaram sobre a incompatibilidade da geometria algébrica projetiva com a geometria euclidiana. Há alguns aspectos onde as duas diferem, mas a geometria algébrica projetiva fica *implícita* na geometria euclidiana. Graças a Descartes, o que estava implícito na geometria euclidiana ficou *explícito*. A mesma coisa se aplica nesta situação mútua: usualmente, preciso assinalar aos pacientes que eles não podem me procurar para análise sem ter que me analisar – gostando ou não. Podem não gostar disso, pois não sabem em que tipo de raiva posso entrar no caso de tocarem no ponto certo; é difícil de acreditar que o analista não irá levar a mal, respondendo do jeito que crianças conhecem muito bem: "Não consigo entender por que o senhor é *tão* malcriado", coisa que fica clara quando uma criança está brincando com irmãos menores e não pode bater na cabeça deles: que nenhum pode bater no outro; deveriam brincar juntos, bem bonitinhos. Assim deveria ser com o analista e o analisando. Mas, na verdade, trata-se de um jogo excessivamente bruto.

*P: O senhor poderia diferenciar processos de mudança*
*como esse – e suas consequências – de outras situações,*
*nas quais alguém torna-se desajustado, perde amigos*
*e se isola?*

Bion: Não. Penso que não é assim tão fácil, pois envolve, outra vez, a questão do sentido, ou direção. Matemáticos tentaram lidar com isso introduzindo vetores. Não descobrimos uma maneira de lidar com isso analiticamente; portanto, não conhecemos o sentido. As pessoas escolheram dizer que o mundo está em uma confusão terrível. O próximo passo é dizer que isso se deve à psicanálise, uma coisa maldita, que fica falando coisas horríveis, sem o menor sentido, sobre as mentes e personalidades das pessoas – *isso* é a causa dos problemas. Algo muito difícil de refutar. Seria útil, no entanto, se pudéssemos obter uma pista qualquer sobre um modo de aferir o sentido, ou alguma forma de pressupor o estado mental no qual se está viajando e sob qual sentido. Astrônomos decidiram que o sistema solar se encontra em uma das bordas da nebulosa espiral. O fato de não estar disponível um ponto brilhante central é aparentemente considerado como algo esperado, já que não é possível enxergar através dos detritos da própria nebulosa até o seu centro. Mas supõe-se que para além, a uma distância de $10^8$ milhões de anos-luz, encontra-se o outro lado do nosso próprio centro. Fica muito difícil determinar qual é a escala de criaturas efêmeras como nós, e qual sentido, ou direção, estamos tomando. Realmente, as descobertas mais recentes demonstram que a própria espécie humana está no fim da estrada, ao ponto de ser deslocada por outra forma de vida. Não chega a ser um problema prático, pois lidamos com essas coisas em escala de referência microscópica, não macroscópica. Escalas macroscópicas são de pouca utilidade para nós, mas podem iluminar um pouco o que está acontecendo, iluminando nossa capacidade em manter o caminho correto, assumindo que há um caminho correto a ser mantido. Raças de longa história – judeus e chineses, por exemplo – conservam certa coesão, possibilitando-lhes alguma ideia sobre o sentido. Infelizmente, culturas antigas também perderam o contato com as suas fontes, suas origens – ou, como colocou Freud: duvidou que Moisés entendesse o hebraico como era falado por ele, Freud.

Uma questão importante quando alguém fala, como eu, sobre a verdade. A resposta parece vir de forma fácil, como no ensaio de Francis Bacon: "'O que é verdade?', questionou, jocosamente,

## 102  SEXTO SEMINÁRIO 1978

Pilatos; não esperou nenhuma resposta" (*Ensaios*, I, "Sobre a Verdade"). Temos que confiar em nossos sentimentos; de alguma forma, em algum ponto, sentimos: "Sim, é isso mesmo". Não sei se está certo ou não; nem qual escala de referência se usa; nem como essa verdade se relaciona com o resto da verdade – não conheço nenhuma maneira de ter qualquer controle sobre isso. Só sabemos que participamos dessas vogas. Podemos, nessa mesma proporção, fazer alguma concessão para a pressão que experimentamos.

*P: Até que ponto precisamos de outros pensadores para pensar nossos pensamentos?*

Bion: Pode recair sobre um indivíduo em particular a capacidade de formular o pensamento ou ideia. Mas não penso que se possa atribuir a germinação da ideia para algum indivíduo em particular. Isso é muito difícil de localizar. Aparece na prática, principalmente para os que pensam ser proprietários de ideias e ficam muito sensíveis ao plágio. Parece haver algo nisso – a pessoa gostaria de reivindicar certa propriedade de uma ideia, mas não sei se isso é algo além de instintos predatórios comuns. Pode ser parte do desejo de agarrar, de participar das mais recentes descobertas.

*P: Estou me perguntando o quanto do que o senhor tem dito se aproxima do conceito Junguiano do analista como o agente ou continente.*

Bion: Relacionar uma ideia a outra ideia constitui-se como problema bastante difícil, porque ideias não são tão claramente definidas como são as palavras – isso já é bastante ruim. Pode--se fazer muita coisa com definições dos dicionários e com regras gramaticais, para finalidades de comunicação verbal. Entretanto, em relação às ideias em si – da coisa real, seja lá o que isso for – será excesso de otimismo supor que também obedecerão às nossas formas de pensar ou mesmo de expressar nossos pensamentos ou ideias. Creio que esse é um ponto em que um matemático formalista encontra problemas. Supõe-se haver grande importância na capacidade lógica da mente humana – e de fato existe, quando os objetivos são os do pensar –, mas os Intuicionistas (Brower, Heyting e outros) representam uma revolta contra tal estrutura, muito rígida, que acaba não deixando espaço para o crescimento. Há um problema para a maioria de nós: é bastante difícil entender o trabalho dos Intuicionistas. Tomo a geometria para um exercício de comparação. Refiro-me a este uso um tanto mágico que fazemos dos números. Por exemplo, alguém pega as letras que compõem o próprio nome; as posiciona no alfabeto, e, em seguida, as soma de forma a obter certo número. Pode-se jogar esse jogo mais ou menos indefinidamente. Não é geometria: talvez seja um tipo de – matemática religiosa? Não sei, mas certamente é uma matemática empregada e evidenciada em processos caracterizados por uma turbulência teológica, um espaço na área total do pensamento humano no qual começa a surgir uma reviravolta. Estou pensando em termos da área total do pensamento, às vezes chamada matemática; às vezes, religiosa; às vezes, bioquímica e assim por diante. Essas áreas de turbulência, de perturbação emocional, irrompem espasmodicamente sobre a esfera total. Certas características que daí surgem parecem corresponder àquelas de outras explosões emocionais. Por exemplo, uma das manifestações da voga parece ser a turbulência messiânica. Isso é notável, pois o messias geralmente a desaprova, mas há um tipo de profeta que a defende fortemente. O verdadeiro centro dessa turbulência – o messias – fica fortemente afetado por algo fora do centro; algo excêntrico, como uma situação onde a própria psicanálise se torna a voga. Mas, pouco depois, recoloca-se sobre outra pessoa ou para outra coisa – a voga mais recente.

> *P: Com isso, o senhor se refere à psicanálise como o profeta de algo muito mais central?*

Bion: Penso haver algo muito mais central – possivelmente, de um tipo formulado por Schopenhauer, que não fala muito a respeito, descrevendo-o simplesmente como "a energia para existir". Emerge desse modo em Freud e na psicanálise como bolhas temporárias sobre a superfície total. Habitualmente em tais turbulências – como o período da adolescência – vários aspectos que estavam latentes ou que ainda não haviam sido observados tornam-se aparentes, por vezes, no negativo; no decorrer desse período o tumulto é percebido por estar suprimido, por ser impedido de emergir. Penso que em Freud, Stekel e Jung houve uma tentativa de delimitar as áreas que seriam ocupadas por cada uma dessas três forças, mas não posso dizer que tenha descoberto que uma luta pela posse de alguma esfera seja algo minimamente empolgante ou importante.

> *P: Ontem, o senhor fez uma analogia com uma pessoa cega, usando uma bengala para encontrar seu caminho. Poderia descrever os instrumentos que o senhor usa?*

Bion: Certamente, penso que não. Nada que seria capaz de formular. Talvez outra pessoa – em particular, as pessoas que tenham me procurado para se analisar – possa ter uma ideia melhor a respeito daquilo que uso. Sou capaz de chamar-lhes a atenção para o fato de que me procurar para obter análise é uma questão enormemente mais desagradável do que me procurar para uma supervisão; um grande choque, descobrir isso. Um contato real com o que sou "eu", realmente, é muito diferente daquele que teria caso ouvissem-me falando. Só posso sugerir que qualquer coisa que diga sobre como faço será, provavelmente, um tanto enganadora e fora do facho. Isso tem muito a ver com aquilo que tentei descrever quando disse: "Quando dormirmos ficamos em um estado de mente diverso daquele quando estamos acordados". Falei sobre a mesma coisa ao me referir ao paciente cujo comportamento físico pode ser visto como cataléptico. O mesmo se aplica ao seu estado de mente: não está sonhando, nem está totalmente acordado. Não sei o que é, mas é algo muito precário, parecendo depender da capacidade de ficar à beira de um precipício – usando uma imagem pictórica. Pode ser observado na maioria dos pacientes, penso eu – em especial, nas análises prolongadas. Pode-se chegar ao ponto onde fica claro que estas pessoas também se comportam de tal maneira que ficam cientes – principalmente na adolescência – do medo de enlouquecer. Mais tarde, torna-se mais um medo de ser *chamado* de louco; hoje em dia, gosto de fazer um certo cumprimento para mim mesmo, pois estou tão acostumado a ser chamado de louco, que não ligo muito para isso. Entretanto tenho dúvidas se seria assim caso estivesse na Rússia soviética, por exemplo, ou submetido a certas outras forças culturais. Fico impressionado como analistas parecem realmente acreditar que serão autorizados a serem psicanalistas – não sei por quê. Não tenho certeza se não deveríamos estar preparados para passar às "catacumbas",[5] por assim dizer. Milton expõe com maestria a imagem de Alfeu, o rio que desaparece para emergir, de tempos em tempos, em diferentes lugares. (Ver também o Segundo e o Terceiro Seminários).

---

5   *Go underground*, no original. [N.T.]

## 106 SEXTO SEMINÁRIO 1978

Matti[6] Harris: Talvez devêssemos interromper neste momento, esperando que Dr. Bion – que, no que nos diz respeito, passará o próximo ano "nas catacumbas"– ressurja aqui, nesta mesma época, no ano que vem, proporcionando experiência comparável, porém diferente. Em nome de todos, transmito um agradecimento de coração pelos momentos interessantes. Não temos dúvida de que nos mudou de algum modo – nós não sabemos como.

Bion: Obrigado. Espero não ser preso quando retornar à Califórnia, com base em ter mudado tanto assim.

---

6 Apelido afetuoso para Marta (Martha Harris, reconhecida terapeuta infantil; depois esposa de Donald Meltzer; mãe de Meg Williams Harris). [N.T.]

# SÉTIMO SEMINÁRIO 1977

## 27 de março

No final de 1978, uma onda de ação industrial iniciou o "inverno do desassossego"; no início de 1979, a Grã-Bretanha ficou paralisada por greves, e a vida normal do país chegou muito perto de uma parada total.[1]

---

1   O fato social citado pela editora, Francesca Bion, "*the winter of discontent*", refere-se ao início do mandato da primeira ministra de credo conservador, Margaret Thatcher. Originária da classe econômica mais desfavorecida liderou embates reais contra a maior parte de líderes operários, com retaguarda do partido trabalhista, representado na época por James Callaghan e Neil Kinnock. A menção ao "inverno infeliz" refere-se particularmente à greve dos funcionários a serviço de coleta de lixo, mas também ao estado de penúria assolando classes mais desfavorecidas economicamente, que coroou a infeliz substituição de técnicos por políticos nas empresas estatizadas no pós-segunda guerra. Muitas ruas, agora intransitáveis, lembraram, para boa parte dos habitantes idosos e de meia idade, os tempos de severos bombardeios nazistas sobre Londres e em outras grandes cidades, como Manchester e Liverpool. O odor relembrou a imprensa daquele relatado na Idade Média, anterior ao controle de epidemias, como cólera. Greves lideradas por pes-

108  SÉTIMO SEMINÁRIO 1977

Bion: [*perdeu-se a primeira parte da gravação*] [...] uma ordem estabelecida, digamos assim, como o governo desse país; dela, brotam outras, denominadas "devolução", e cada parcela da coisa devolvida absorve muitas outras pessoas – de modo que obtemos mais e maiores burocracias. Nesse aspecto, penso que nós, psicanalistas, estamos bem na corrente dominante: há a Sociedade Psicanalítica Britânica, a Sociedade Psicanalítica Internacional, a Sociedade Psicanalítica Europeia, sabe-se lá o que mais – há muitas delas, todas presumivelmente dotadas de pessoas ilustres para elas mesmas, todas com as pessoas ilustres engolidas pela administração, nunca tendo a oportunidade de se aproximar de um paciente, por terem que despender muito tempo para organizar coisas. O que suscita um problema muito difícil – se as pessoas envolvidas

---

soas movidas por pretensões a serem maiores mandatários no Parlamento foram mal sucedidas – em função do enfrentamento sério daquela que acabou sendo denominada, em parte em função do "inverno infeliz", de "Dama de Ferro". Em certo momento crucial, seriamente dividida, a sociedade britânica terminou por apoiá-la, de modo incremental, fornecendo-lhe maioria para governar, libertando o país de minorias autoritárias que pregavam defender interesses do povo. A referência da editora, Francesca Bion, a uma "ação industrial", diz respeito à falta de ação industrial, manifestada pelas greves em setores básicos, como o energético, de aço e náutico, consequência da decadência decretada, pelo menos desde 1945, pela crescente meritocracia política – que passou a atribuir funções técnicas nas empresas recentemente estatizadas para pessoas incompetentes, mas indicadas por importância nos esquemas do partido trabalhista e das diretorias de sindicatos. Este partido e os vários sindicatos já se encontravam em derrocada contínua, embora não muito aparente, por incompetência nestas nacionalizações forçadas por meritocracia política. Situação responsável pelo extermínio de toda a indústria pesada em toda a Grã-Bretanha, que havia se iniciado e se desenvolvido por quase três séculos – algo que ficou conhecido como "revolução industrial". Essa nota foi feita com a anuência da editora, especialmente para a versão brasileira. [N.T.]

no pensar podem, de fato, combinar isso de alguma maneira, e se podem, como?

*P: Fiquei pensando se o pensamento do indivíduo, em sua época, difere do pensamento da época no grupo do qual este indivíduo faz parte.*

Bion: O que acontece com nossos sentimentos, opiniões, ideias e teorias nesse momento, quando nos reunimos? Aparentemente, naufragam, sem deixar vestígios, tragados pelo grupo, quando esperaríamos algum tipo de discussão ou esclarecimento de problemas com os quais temos de lidar. Mas o curioso é que, assim que fomos contidos em um grupo, parece realmente muito difícil prosseguir em direção ao desenvolvimento de pensamentos, ideias ou sentimentos propriamente nossos; somos dominados por uma necessidade de ficar iguais a todo mundo, de pensar igual a todo mundo – mesmo que seja muito difícil dizer o que todo mundo pensa, ou sente.

Outro dia, alguém me fez uma pergunta – não posso dizer ter encontrado uma resposta, mas posso passar a pergunta adiante. Um menininho procurou auxílio, alguma forma de ajuda. Até o ponto em que pude decodificar o relato sobre essa experiência, havia, de um lado, um analista e, do outro, um garotinho começando a desenhar com giz colorido. O analista fez uma interpretação; ao que parece, não houve uma resposta específica. A seguir, o menininho fez outro desenho. E assim foi indo. Fez um desenho com muitas crianças, todas elas com *skates*;[2] como não sei desenhar tão

---

2  *Skateboard*, no original. Optamos pelo anglicismo, hoje adotado em dicionários brasileiros. A tentativa de vertê-lo por "esqueite" nunca encontrou uso disseminado. [N.T.]

110  SÉTIMO SEMINÁRIO 1977

bem quanto o menininho, faço isto [*desenha algumas linhas no quadro-negro*]. Se me permitir ficar um tanto empolgado, posso fazer mais um [*desenha mais algumas linhas*]. Esses são dois sinais, partes da minha conversa com vocês. Se me perguntarem como isso *soa*, provavelmente não lhes seria possível ouvir que estive produzindo a minha versão da valsa *Danúbio Azul*. Não conseguirão ouvir; eu não consigo produzir sons suficientemente claros aqui, nem com alto-falantes ou algo assim. Duvido muito que reconheceriam mais do que um fraco chiado. Portanto, alguém poderia dizer: esta é a linguagem, este é o pictograma, cuja pronúncia é esse barulho esquisito que eu estava fazendo; é assim que diriam se quisessem falar esse tipo de coisa, em vez de desenhar. Mas suponhamos que aparecesse algum cientista: "Você quer dizer que isto é uma valsa vienense, esta linha que estava fazendo? O Danúbio Azul? Alguma vez, viu o Danúbio? É um córrego sujo e lamacento, fluindo num ritmo tremendo. Está falando a respeito do quê?". Este é o problema da visão científica, a "visão verdadeira", e então há outras visões, como o meu desenho de alguém em um *skate* que, na verdade, não é uma visão precisa. Qual é a natureza da comunicação? Qual vocês pegariam? Podemos fazer sinais, como A, B, C – uma escrita alfabética – ou pode-se fazer pictogramas, o tipo de coisa que chineses fazem.

Freud convocou uma reunião psicanalítica internacional, na esperança de que fosse o início de uma comunicação internacional entre pessoas. Na realidade, em vez de acabar como ele esperava, terminou com todo tipo de discordância. Típica delas, a ocorrida entre Jung e Freud, sobre o que era a psicanálise e quem teria o direito de usar o termo. Aí está o problema – exemplificado aqui – de como qualquer forma específica de comunicação pode ser vista. Existe alguma linguagem comum que possamos falar, de modo que possibilite uma discussão?

*P: Aparentemente, há um pressuposto compartilhado acerca do que é chamado, "a Instituição",[3] ou seja, "outras pessoas": poderosos, maçantes, acima de tudo, não se deve ser como eles. Mas, se de fato observarmos pessoas que alcançaram posições de importância, veremos que estas qualificações não primam por precisão.*

Bion: Não. É provável que a única precisão nisso seja o sentimento do indivíduo que fala dessa maneira, mas não necessariamente, porque indivíduos nem sempre falam a verdade sobre o que pensam ou sentem. Creio ser razoável supor que o indivíduo esteja, de fato, tentando se comunicar de forma precisa – pelo menos nesse tipo de comunidade. Fica diferente quando se trata de grupos de pessoas em guerra; não vão, necessariamente, querer comunicar o que pensam, nem quais são seus planos.

Estaremos fazendo tentativas prematuras e precoces para conseguir algum empreendimento cooperativo, quando na realidade somos apenas capazes de promover guerras contra outros? Trata-se de uma questão de dominação, de quem está por cima, de quem fez primeiro, quem possui alguma coisa? Dependerá do tipo de cultura, do tipo de civilização na qual vivemos.

Revertendo ao silêncio dominante, para aquilo que nos reduz ao silêncio, por estarmos assustados, sem poder expressar nossa verdadeira opinião ou dizer o que de fato queremos dizer – ou, a propósito, querer dizer aquilo que realmente dizemos: se a Instituição, ou a força dominante, é aquela exercida no sentido de que todos se conformem com uma atitude ou uma perspectiva específica,

---

3 *The Establishment*, no original. [N.T.]

## 112 SÉTIMO SEMINÁRIO 1977

então será muito importante conhecer a natureza dessa cultura, ou desse grupo; e como os membros individuais – pessoas que gostariam de respeitar a si mesmas e até, se possível, os outros – fazem para competir com esta pressão por uniformidade, de que todos pensem de forma igual, que todos sejam iguais. Péguy (1873-1914), citando *"liberté, egalité, fraternité"*, disse (em *Basic Verities*)[4] que duas destas aspirações são completamente diferentes da terceira, que duas dessas aspirações são realmente dignas de busca, mas não a outra (*egalité*). Não sei se isso dá alguma ideia sobre qual o conjunto de pensamentos, ideias ou sentimentos que mais se aproxima da expressão da nossa cultura atual: liberdade? igualdade? fraternidade? Colocar nesses três termos é simplificar o problema.

> *P: Penso que as pausas e silêncios em um grupo desempenham papel importante na compreensão – tal como o fazem em música.*

Bion: Isso é verdade, e também é assim na psicanálise. Há muito tempo me perguntaram: "A única coisa que vocês fazem é falar?". Respondi: "Não. De vez em quando, ficamos em silêncio". É claro, também tem algo a ver com o início do som, pois o silêncio contribui para um significado aos sons, ao ritmo. Mesmo quando mantemos silêncio, damos muita primazia à comunicação verbal. Isso me parece razoável, porque apesar da capacidade de se comunicar por meio da fala articulada ser conquista recente – por recente, quero dizer apenas poucas centenas de milhares de anos – parece ter sido tão produtiva que pode ser considerada como um modo possível para abordar os tipos de problemas que nos interessam. Isso não significa dizer que seja um método adequado de comunicação. Então não podemos dizer – embora seja muito fácil fazê-lo – que, como o menininho insiste em

---

4 Ver Apêndice A, p. 137 (acrescentado por Francesca Bion). [N.T.]

não dizer nada, mas fica apenas desenhando, está resistindo... Resistindo ao quê? Está meramente discordando que o método de comunicação seja verbal. Não impede o analista de fazer uma comunicação verbal – apenas prossegue produzindo um ponto de vista pictórico, uma comunicação pictórica. Quando se trata de enormes grupos de pessoas – como os chineses – surge uma questão muito grave, caso pensemos: "Ah, você bem sabe, esses chineses sequer sabem como escrever da esquerda para a direita, com todo este material pictórico. Orientais não têm nada a contribuir para com nossa civilização". Mas em grupos pequenos como este, haveria alguma chance de irmos adiante nessa questão? Ou estaremos todos ainda dominados pela necessidade de sermos "o máximo", ou de fazermos parte do grupo que é "o máximo", ou de nos juntarmos ao grupo ou pessoa que tem o maior número de posses? Talvez pudéssemos dizer, "o maior número de posses mentais" – ou seja, a área em que supostamente existem tais coisas como criações da mente. De acordo com Platão, Sócrates disse ser apenas um parteiro, apenas ajudava as pessoas a darem à luz suas ideias. Qual tem sido nosso progresso, quando pensamos na arte da obstetrícia mental? Até que ponto somos capazes de tolerar alguém que poderia fazer uma contribuição? Ou seria mais sábio permanecermos em silêncio, abstendo-nos do método de comunicação particular de cada um? Não estou dizendo que verbalização é o único método de comunicação – infelizmente, é o único do qual sou capaz –, mas há muitas pessoas não tão limitadas, capazes de compor música, pintar, ou mesmo de comunicação verbal mais sofisticada. Mas será esse o tipo de cultura que promove ou possibilita os esforços criativos daqueles que são capazes de criar? Aqui, supõe-se que somos capazes de expressar nossa opinião sobre este assunto.

*P: Em relação à criança que continuou desenhando enquanto o analista falava, me pergunto se isso é uma comunicação verdadeira, caso não seja recebida por outra pessoa.*

114  SÉTIMO SEMINÁRIO 1977

Bion: Esse é o problema. Suponha que temos algo a dizer: infelizmente é necessário que haja alguém disposto a ouvir. Caso sejamos capazes de pintar, será necessário que alguém veja a pintura – sabe-se que a maioria das pessoas não vê. A maioria vagueia por galerias famosas sem a menor ideia do que existe por ali. Por exemplo: uma pessoa vai à National Gallery e diz, "Eu poderia ter visto na metade do tempo... se tivesse botas". Esse é um jeito de olhar para a National Gallery – não há necessidade de se preocupar com pinturas, em especial, se a pessoa se permite olhar, vai levar muito tempo. Meu exemplo é ridículo, é claro, mas o problema não é ridículo; na verdade, não temos tempo de sobra, e fica, de fato, muito difícil saber como distribuir de forma adequada o tempo que, conforme acreditamos, nos resta. Essa é uma razão pela qual, como analista, gostaria de poder me expressar, de modo claro, para que o paciente não tenha que desperdiçar muito tempo tentando descobrir o que estou falando. Assim, a precisão na expressão torna-se curiosamente um componente muito exigente, seja na obra de um pintor, de um músico ou de um orador, cuja tarefa é expressar-se o mais economicamente possível, na esperança de que alguém o ouça, que possa ouvir do modo mais econômico possível.

*P: No que se refere à comunicação, o problema da arte é decidir quando não é arte. Essa questão surgiu numa controvérsia recente acerca de uma pintura na Tate Gallery.*

Bion: Penso que a senhora tem razão. Levanta toda a questão de discriminação, pois é importante distinguir entre o falso e o verdadeiro. Há enorme quantidade de pintores, muito capazes, para desenhar excelente representação de, por exemplo, árvores em uma floresta ou bosque. Mas há uma grande diferença entre isso e uma pintura de árvores por Cézanne. Não gostaria de dizer qual é a diferença, principalmente porque aprendemos a acreditar que Cézanne foi um grande pintor – não precisamos mais nos incomodar com isso. Mas se de fato nos incomodamos com isso, talvez possamos apontar a diferença entre uma pintura de Cézanne e uma reprodução onde a técnica é muito competente. Depende da capacidade de discriminação; e do fato de que é muito difícil exercê-la.

A tentativa de usar linguagem articulada para expressar problemas não corresponde, de nenhuma forma, aos fins que originalmente demandaram a elaboração de uma linguagem articulada. Suas raízes, ou seja, métodos selvagens de comportamento tinham que ser civilizados. Ainda estamos na condição de animais selvagens que têm que amansar nossos iguais. No entanto, no caso da violência se opor à discussão, parece que o resultado é duvidoso, pois a pessoa, ou a nação que quer discutir pode precisar se defender ou mesmo defender seu direito de falar. Por exemplo, tanto psicanálise como comunidades de pessoas habituadas a discutir podem ser indesejáveis pelas autoridades. Tal hábito pode ser considerado como subversivo, encorajando pessoas para ter ideias próprias. Precisamos apenas observar a história, para ver tentativas de suprimir discussões filosóficas ou religiosas, ou qualquer outra forma de discussão. Usualmente, no entanto, sempre há algo que escapa: como certas sementes ao vento, germinando em outro lugar.

Galeno (Claudius Galenus, c. 130–c. 200), pensador revolucionário, realmente acreditava na observação do corpo humano. Tornou-se, finalmente, um tipo de deus, cuja opinião nunca seria questionada. O pensamento livre foi suprimido: anatomia e fisiologia ficaram estagnadas, por gerações – até voltarem a germinar, em artistas: Leonardo e Rafael. Decidiram olhar para o corpo humano, para o cadáver, e desenhá-lo. Assim, através de uma, por assim dizer, expressão lateral voltou-se à anatomia; anatomistas

# 116 SÉTIMO SEMINÁRIO 1977

anatomistas recomeçaram a olhar para o corpo humano. Ficou lugar comum: estudantes rotineiramente têm de desenhar aquilo que detectam; quem foi estudante de medicina sabe o quanto detestávamos ter que dissecar e desenhar imagens precisas do que víamos. Parece simples, não? Temos apenas que desenhar aquilo que vemos – sem mentir, sem inventar sistemas fantásticos de circulação e assim por diante, mas apenas desenhar o que vemos. Não é nada incomum, no entanto, que estudantes de medicina jamais se recuperem da experiência em sala de dissecação. Vocês acham que será melhor com a dissecação da mente, do caráter ou da personalidade humana?

Qualquer experiência analítica seria muito estranha – quer se identifique com o analista, quer com o analisando – se não estiver claro que ambas as partes detestam essa ocupação. Não é possível ao analista analisar o analisando sem ser, ele próprio, analisado pelo paciente. Assim, ambas as partes estão quase inevitavelmente envolvidas numa ocupação que desperta sentimentos de ódio e raiva – sem falar no desejo de fugir, de abandonar tal ocupação. Essa é uma razão pela qual o futuro da psicanálise sempre fica muito precário. Suponhamos que a psicanálise seja suprimida e que depois irrompa novamente, digamos, na direção de pintores que retratam o caráter ou a alma do retratado. Há poucos dias soube do protesto de Graham Sutherland pela destruição da pintura que havia feito de Winston Churchill.[5] Atrevo-me a dizer que teria sido

---

5 Encomendada pela Câmara dos Comuns, em 1964, para comemorar os 80 anos de um dos maiores estadistas conhecidos – um ano antes de sua morte. No descerramento, com seu sarcasmo habitual, comentou, "Exemplo notável de arte moderna!". O evento relatado por Bion ocorreu em 1978, ou seja, 13 anos após o falecimento de Churchill: a notícia, do Daily Telegraph dizia que a destruição teria sido feita por Clementine, Lady Churchill, que teria se recusado a consultar qualquer pessoa, ou informar sobre seus motivos; avisou

muito melhor se ele tivesse tirado uma foto, porque dessa forma poderia se safar alegando que o resultado era apenas o que a câmera revelou. Mas um pintor magnífico pode retratar o caráter; isso pode despertar enorme hostilidade por parte de quem vê a obra. Não é simplesmente uma questão de encontrar alguém para escutar o que falamos; também temos que encontrar alguém que olhe para aquilo que pintamos. O menininho precisava encontrar alguém que olhasse para seus desenhos de pessoas em *skates*. O que pode um analista fazer a esse respeito? Se insistir em interpretações verbais, pode facilmente soar como uma tentativa de promover a superioridade da comunicação verbal sobre a artística. Muitas pessoas foram rejeitadas como estúpidas ou tolas, simplesmente porque seus métodos de comunicação eram diferentes daquilo a que estamos acostumados, ou diferentes do que somos capazes de entender.

---

apenas que fez isso antes da morte do marido – haviam se casado em 1908. Sabia-se que tanto ela como um dos filhos haviam odiado a obra, "por retratar um homem inteligente como se fosse um idiota". Queriam manter uma versão da vida de Churchill e o quadro não cabia nessa versão. A verdadeira história só apareceu após o falecimento de Francesca Bion: em janeiro de 2016, justamente na época em que este livro foi traduzido para o português. Incluímos a notícia, com a anuência da Sra. Nicola Bion, pela pouca divulgação, em nosso meio, de um fato considerado como acontecimento nacional na Inglaterra, e por configurar exemplo de algum respeito à verdade. A notícia, também divulgada pelo Daily Telegraph, desmente a anterior: tratou-se de um excesso de cuidado de Grace Hamblin, falecida em 2002, aos 94 anos: a mais devotada e discreta secretária do casal Churchill. Em conversa com a viúva, ouviu-a dizer, "Precisamos fazer este quadro sumir". Sendo curadora do castelo de Chartweel, Hamblin decidiu por conta própria incinerar a obra, ao invés de apenas escondê-la, como seria o desejo da viúva, depois do falecimento do antigo primeiro-ministro. Clementine, para protegê-la, assumiu a responsabilidade. Há muitas reproduções do quadro, caso algum leitor se interesse em vê-lo. [N.T.]

## 118 SÉTIMO SEMINÁRIO 1977

*P: Fechando um ciclo, penso que analistas deveriam entender grupos e instituições, caso pretendam entender seus pacientes, e entender a tarefa com a qual lidam, e também como lidar com o mundo interno.*

Bion: Trata-se da mesma coisa quando o diâmetro do círculo tornar-se tão grande que pode nem mais se parecer com um diâmetro, pois o segmento do círculo parece ser uma linha reta. Em outras palavras, o debate pode tornar-se tão amplo a ponto de impedir qualquer comunicação. Suponhamos que todo esse debate tenha ocorrido há $10^8$ milhões de anos-luz: não temos nenhum meio de comunicação com o passado; realmente, fica difícil dizer, agora, o que devemos aos nossos antepassados, que pararam de usar grunhidos e expressões de raiva e de medo e tentaram se comunicar, ou por meio de sinais visíveis, ou algum outro método. Não creio que isso possa ser explicado simplesmente pela herança mendeliana, porque, no meu entender, tal comunicação depende da herança de características adquiridas. Em outras palavras, se pudéssemos começar de onde nossos pais pararam, e se nossos filhos pudessem assumir a partir do ponto em que nós vamos parar, poderíamos ter uma herança de características adquiridas, e poderíamos nos tornar pessoas mais sábias. Mesmo aspirações como Nações Unidas, Estados Unidos, Reino Unido poderiam começar a tornar-se reais; poderia até haver algo como Pessoas Unidas. Poderia até haver um acordo sobre a necessidade de se promover atividades desenvolvidas pelos filósofos, pintores, músicos, poetas, como parte de um esforço conjunto, não para definir quem, qual fragmento diminuto, foi o vencedor do campeonato, mas como parte da disposição de humor prevalente. Demorou muito para que nós ficássemos civilizados como somos atualmente, e pode demorar ainda muito até que nos tornemos mais, ou adequadamente, civilizados. Por "civilizados" não me refiro à definição convencional; refiro-me a uma situação na qual respeitaríamos a nós mesmos e aos outros, fazendo, ainda, parte da comunidade.

*P: Como acabei de dizer, analistas deveriam compreender melhor suas próprias instituições.*

Bion: Penso que se conseguíssemos, precisaríamos dedicar tal capacidade, do mesmo modo que dedicamos para coisas sob nosso alcance – no sentido de estarem suficientemente próximas para serem observadas e compreendidas – e assim poderíamos pelo menos dar alguma contribuição para compreendê-las.

Na experiência de análise, é curioso o quão frequente é descobrirmos que o analisando é a pessoa que menos quer admitir a excelência de qualquer mérito particular que tenha. Pacientes não se importam em dedicar atenção aos seus crimes, falhas, erros; muitas vezes gostariam de fazer com que o analista concorde em se tornar uma espécie de "padre confessor" para estipular penitências adequadas. Mas, quando se trata de alguma coisa que o paciente faz muito bem, é extraordinário como muitas vezes o próprio paciente começa a denegri-la, exibe desgosto, passando a não fazê-la, justificando de que se trata de algo muito fácil; ou vem "naturalmente", como se fazer algo natural fosse uma espécie de crime. Muitas coisas são naturais para nós – como lutar um contra o outro –; pode ser verdadeiro que precisemos ter discernimento para decidir sobre o que é desejável e o que é indesejável. Se pudéssemos fazer essa discriminação com algum grau de precisão, é outra história; simplesmente temos que tomar uma decisão à luz dos nossos próprios preconceitos. Tenho um preconceito: lembro-me de uma época em que fiquei extremamente ansioso para me alistar ao exército e me envolver com a gloriosa atividade da guerra. No entanto, após ter tentado atirar em pessoas –

e de levar um tiro nessa tentativa – não gostei disto. Penso que ainda há muito a ser dito sobre o ato de fincar pé a respeito das ideias de cada indivíduo.

*P: O exército deve ser um grupo no qual é difícil saber quais são as ideias de cada um.*

Bion: Sim. Conheci uma pessoa que, após passar por toda a disciplina do exército, abandonou a carreira militar para se tornar um ator. Pode ser que aconteça de ingressarmos numa determinada profissão para em seguida safar-nos dela, embora isso seja raro. A maioria de nós sente ter feito uma escolha errada, mas é demasiadamente dolorosa a reviravolta envolvida em mudá-la, retificando nosso erro; preferimos continuar com a mesma profissão, mesmas teorias, mesmas ideias, e não mudá-las.

*P: O senhor acha que constitui um vício prosseguir com algo que na verdade não gostamos?*

Bion: A única coisa a se questionar é se estamos habituados ou não. Por exemplo, escolhi ser psicanalista, mas não saberia dizer com certeza se isso é simplesmente um vício – no sentido pejorativo. Gostaria de poder dizer que me devoto à profissão de análise, ou a ajudar meus companheiros, pessoas. É muito difícil, entretanto, saber se alguém está devotado a um objeto digno de atenção ou viciado em tal objeto. É um problema persistente, sem fim, do qual nunca nos livraremos.

*P: O senhor poderia dizer algo sobre diferença entre "dedicar-se a" e "viciar-se em"?*

Bion: Tomemos como exemplo: a pessoa se dedica ao bem-estar da família. Embora todos concordem que o paciente seja dedicado, quando se examina com mais atenção, vê-se que ele não dá a mínima para o que acontece com a família, desde que essa família contribua para a glória de um dos pais, desde que o filho dê crédito ao pai ou à mãe. Não chamaria isso de devoção à família, mas vício. Gostaria de inserir algum termo pejorativo à minha formulação privada desse caráter específico.

*P: O senhor diria que é uma forma de vício se alguém se preocupa apenas com a sua própria família, enquanto o resto do mundo que se dane?*

Bion: Seria necessário ter alguma ideia sobre a motivação dessa pessoa. Pode ser aparentemente muito patriótico querer o bem-estar da própria nação. Mas também é verdade que, quando uma nação está economicamente bem, todos compartilham da prosperidade. Estamos frente a um problema profundo – já que estamos nesse assunto o tempo todo. Começa como algo simples, floresce rapidamente e acabamos descobrindo: estamos lidando com questões profundas.

Existe algo particularmente nocivo em fazer parte de uma nação que está economicamente bem e de compartilhar da prosperidade geral? Ao que parece, não faz mal a ninguém. Eric Gill disse que a melhor coisa que poderia esperar para a nação inglesa era que ela se tornasse pobre e depauperada. Não sei se Eric Gill gostaria de ficar preso nos engarrafamentos que experimentei por aqui – preferiria ter chegado aqui com facilidade e conforto, sem qualquer preocupação. Portanto, essa declaração de um princípio geral pode ser logicamente impecável, mas é de se esperar que a pessoa que esteja afirmando pratique o que prega, e também que

122 SÉTIMO SEMINÁRIO 1977

pregue algo que seja praticável. A única pessoa sobre a qual alguém tem algum controle é provavelmente ela mesma. Assim, podemos tentar viver de acordo com nossos princípios – ou possuir princípios que podemos, se possível, honrar.

*P: Estive pensando sobre a forma como usamos o tempo – como algo que contém, como se fosse um recipiente.*[6]

Bion: Nós usamos o tempo? Ou o tempo nos usa? Temos aí um destes termos extremamente úteis: muitos de nós o usamos de modo limitado; podemos olhar para um relógio de pulso ou de parede e programar nosso dia de acordo com o número de horas que pensamos estar disponíveis. Mas quando se trata de uma investigação mais científica sobre o que queremos dizer com "tempo", torna-se claro que não é suficiente apenas procurar no dicionário. O que queremos dizer com "tempo"? Essa questão tem sido frequentemente enfatizada: "O tempo, como o fluxo de um riacho, leva embora todos seus filhos; voam esquecidos, como um sonho morrendo à aurora" [Isaac Watts (1674-1748), Salmos, 90]. Parece haver, com certeza, algum tipo de força em cada um de nós contribuindo para o fato de haver nascimento e declínio. Não podemos dizer com certeza que seja devido ao tempo, mas pode-se dizer: está intimamente associado à passagem do tempo – como o entendemos. A questão deve ser muito mais: "O que significa 'usar o tempo', ou 'nele estar contido'?".

*P: Tive um paciente que parecia viajar de volta no tempo. Seu material era todo sobre o passado; ficava tão re-*

---

6 *Container*, no original. [N.T.]

*petitivo que me acontecia de passar um ano inteiro com sessões do mesmo material, com as mesmas palavras. Pensei que morreria de impaciência e tédio. Em vez de seguir adiante no rio do tempo, parecia-me que o paciente ficava à margem, como se odiasse o tempo. Fico pensando sobre o problema de tolerar alguém que, como ele, parece odiar tanto o tempo.*

Bion: Certamente soa como um tipo peculiar de onipotência, se um paciente sente poder agir de acordo com um plano superior a todos os destroços e detritos indo rio abaixo, como se dissesse: "Sim, todas essas pessoas vão indo na corrente, mas eu estou salvo; subi à margem". É de se perguntar: que tipo de padrões estão sendo usados nesse caso?

*P: É confortável.*

Bion: Sim. Nem sempre é necessário tomar analgésicos ou hipnóticos para se sentir confortável; pode-se conseguir isso com ideias. E, de fato, *é* confortável sentir que já atingimos certo sistema de pensamentos e ideias, e muito *des*confortável sentir que todo esse conjunto pode ser invalidado quando alguém os questiona – por exemplo, falando em uma comunidade como essa. Pode-se tentar usar as próprias teorias como uma espécie de armadura impenetrável.

*P: Temos que tolerar uma convulsão social para haver desenvolvimento?*

Bion: Penso que é fácil falar que deve haver espaço para crescimento ou desenvolvimento quando nos fixamos a medições geográficas, digamos, terra, ar, alimentos e assim por diante. Mas a mesma coisa se aplica ao domínio da mente. Recaindo em linguagem metafórica: deve haver espaço disponível para crescimento mental. O hábito de se agasalhar dentro de nossas ideias para evitar o frio nos impede de ter qualquer outro pensamento ou de ficar irritado com pensamentos de outra pessoa. Isso pode ser muito confortável, mas não deixa espaço para o desenvolvimento de ideias. E se um desventurado que faz assim vem a crescer, o estado confortável da mente começa a ser restritivo; o guarda-roupa mental torna-se demasiado apertado – esse é o infortúnio de ser a vítima desses processos de crescimento. Gostando ou não, há sempre o perigo de termos ideias ou pensamentos próprios, e esses pensamentos e ideias podem querer que os expressemos, querem uma chance, uma oportunidade de expressão. Voltando à ideia Socrática: podem existir pensamentos querendo nascer, querendo ajuda para sair para uma condição em que possam crescer e se expressar por si. Assim, desse ponto de vista, cada pessoa tem que ser parteira de suas próprias ideias, pensamentos e sentimentos.

É muito sedutora essa noção de conforto – basta sair à rua para ver anúncios nos bombardeando por todos os lados, alardeando sucesso e prosperidade *desde que* se tenha essa ou aquela receita. Há muitos convites para ficar confortável, mas é um problema saber discernir entre o que é a falsificação e a coisa real.

# OITAVO SEMINÁRIO 1979

## 28 de março

*P: Fiquei pensando... existirá algum caminho psicanalítico para a verdade?*

Bion: Nenhum. A psicanálise consiste apenas em um instrumento técnico, algo que podemos utilizar para qualquer objetivo que tenhamos – para fazer uma confusão ainda pior, para enganar ou desencaminhar pessoas, e assim por diante. Tudo vai depender de quem a está utilizando. Este edifício em que estamos é para uso da psicanálise, ou para usarem psicanalistas para construir este edifício? As salas do edifício conduzem à busca de tentativas psicanalíticas? Ou não?

Uma questão profunda: o problema é se a pessoa cuja intenção é a busca de verdade está genuinamente tentando chegar à verdade, ou se é uma representação artificiosa, uma falsificação de alguém que busca verdade. Difícil responder a essa questão. Caso sintamos poder confiar em nosso julgamento a respeito disto, poderemos nos capacitar a dizer se os textos ou pinturas de uma pessoa constituem trabalho de um gênio real... No que tange às realizações técnicas da psicanálise, falar este tipo de coisa não nos atrela a coisa nenhuma – podemos fazer qualquer coisa que desejamos fazer. Qualquer ideia, inevitavelmente, faz que falemos a verdade ou que descubramos que a verdade não passa de bobagem.

*P: O senhor esteve falando, ontem, a respeito da relutância dos pacientes em conversar a respeito dos êxitos que tenham. Fiquei pensando na razão disto. Será algo vinculado a um superego cruel que impede o desenvolvimento e gozo emocional?*

Bion: Podemos encontrar, de tempos em tempos, muitas características que parecem relacionar-se a impedimentos. Por exemplo, quando podemos detectar um ponto no comportamento da pessoa onde emerge um sistema moral. Podemos dizer que o paciente fica dominado por fortíssimos impulsos morais. Se tivermos a oportunidade de prosseguir ouvindo e observando, seria possível levar sua atenção, na experiência analítica, para a parcela muito importante desempenhada por sua própria moralidade. Talvez possamos caminhar um pouco mais, esclarecendo um pouco melhor a respeito de que tipo de sistema moral o paciente usa. Em teoria psicanalítica, e também em algumas abordagens religiosas, acredita-se haver poderosíssimos sentimentos de culpa – pecado original. No entanto, esse tipo de impulso parece se desenvolver em um sistema moral peculiar, no qual podemos detectar certas características – um sistema moral que parece nos dizer o que está errado, mas nunca nos deixa o menor indício daquilo que está certo, um sistema dominador da mente do paciente a ponto de fazer com que essa pessoa sequer ouse ser, ou fazer qualquer coisa que seja. Digo "na mente do paciente", mas isso não implica que tenha que ser necessariamente assim; penso haver, também, o mesmo sistema na sociedade, em uma instituição como essa, na instituição psicanalítica, ou nas casas[1] do Parlamento. Tudo pode ser dominado por tal atitude negativa, proibitiva, claramente descrita no Gênesis, e de novo, na história da Torre de Babel – a ideia de encontrar o que aquelas criaturas superiores dizem que não se pode fazer, e parar de fazer este "o quê". Para alguns de nós, parece ser uma atitude bastante negativa, o tipo de coisa sem grande importância, atravancando o caminho de uma criança que ainda não conhece o suficiente para levar sua própria vida, ou qualquer outra pessoa que não conhece o suficiente para se adequar à posição de domínio em sua própria família. No entanto, esperamos que os pais, que têm maior experiência de vida, possam impor proibições. Com demasiada frequência, ficam reduzidos a falar, "Não faça isto", "Não faça aquilo". Entretanto, isso é muito mais suave do que o tipo de sistema moral ao qual me refiro. Há um momento no qual é necessário criticar nossa perspectiva moral, perguntando-nos o quão proibitiva é.

*P: O senhor poderia comentar sobre a relação entre o processo interno e as exigências externas necessárias para manter o processo, e talvez mantê-lo acontecendo?*

Bion: Descobri, na prática, o quão importante é ser capaz de levar a atenção do paciente para a questão que o senhor levanta, exatamente para essa questão: é de se causar surpresa a dificuldade envolvida nessa tarefa. O paciente pode expressar muitas opiniões

---

1 *Houses*, no original. [N.T.]

128 OITAVO SEMINÁRIO 1979

e visões, ficando claro que está sendo dominado por alguma linha de raciocínio particular. Mas por que ocorre isso, hoje? O que está acontecendo? Qual foi o gatilho para isso? Não sei que palavras usar; não sei como direcionar a atenção do paciente para o problema – isto é, para aquilo que o iniciou no problema.

Tomemos um exemplo: um paciente expressa algum grau de emoção, e o analista diz, "Penso que você está sendo afetado pelo fato de que há um intervalo no fim de semana em que, usualmente, não vou vê-lo." Se for correto, poderá ser o gatilho do tema dominante naquela sessão específica. Mas, na verdade, é difícil saber.

Uma determinada sessão pode parecer muito desconjuntada; fui capaz, algumas vezes, de levar a atenção do paciente para o fato de que iria me dizer algo e de repente se interrompeu. Interrupção que pode ter sido proveniente do exterior – um barulho, ou algo que eu mesmo tenha feito. Mas quando isso continua ocorrendo, quando descubro que o paciente não pode, aparentemente, seguir uma linha de pensamento, pergunto-me se fui eu quem perdeu a linha do pensamento ou se, de fato, o paciente fica em estado de constante interrupção, sendo jogado, de modo contínuo, para fora da rota de viagem que deseja fazer, do tema de seu próprio discurso, o tema que o paciente quer conversar comigo.

Tento imitá-lo: "Agora pouco, estava chegando à clínica – o senhor sabe o que desejo dizer – e havia um camarada em uma bicicleta, que de repente apareceu na calçada, e, bem, hum, isso me recorda do outro dia, quando quis falar com o meu filho, mas esqueci-me do que ia dizer – hum... deixe-me pensar. Ah, sim, lembrei, penso que meu filho está indo para um escola muito ruim. Sempre são..." e assim por diante. Todos nós encontramos pessoas que falam desse modo. Acabamos nos perguntando se

falamos com alguém que tem alguma coisa errada no seu aparelho mental, ou se essa pessoa está sendo, de fato, interrompida,
e se está, por quê? Pode ser que seja alguém muito sensível, que
tenha uma audição excelente, e seja interrompido por sons exte-
riores, mas... às vezes, não é. Qual a fonte dessa interrupção? Podemos não ser capazes de responder, mas, se não podemos, este
paciente manter-se-á nesse fluxo, mais e mais, por dez minutos,
um quarto de hora, meia hora de sentenças desconectadas, onde
fica impossível divisar qualquer tema subjacente. Por vezes, a
interrupção parece ser mais ou menos permanente – não uma
série de interrupções, mas um congestionamento permanente
na linha de pensamento e, então, este paciente precisará descobrir algum desvio, algum tipo de circulação divergente, evitando
o congestionamento. Se estivéssemos falando do corpo, poderíamos dizer que o paciente possui um êmbolo que fez com que o
fluxo de sangue de seu sistema arterial fosse interrompido. Seria
preciso, nesse caso, conseguir uma circulação colateral.

Tal congestionamento pode ocorrer em uma criança muito
bem dotada, que jamais recuperará a capacidade para se expressar de algum modo, artístico, científico ou qualquer outro. No
entanto, esperamos que, durante uma conversa em análise, seja
possível levar a atenção para este tipo de congestionamento moral. Não estamos desaprovando haver um sistema moral, mas sugerindo que este sistema possa ser assunto para discussão, pois o
que é este sistema que torna virtualmente impossível que o analista esteja correto; torna virtualmente impossível que o paciente
esteja correto, e assim por diante, em todos os relacionamentos
que o paciente tenha. Se assim pudermos fazer, então tornaremos
menos necessário que o paciente apele para este tipo de circulação colateral.

*P: O senhor poderia me dar sua opinião a respeito da natureza da inveja como componente do sistema moral?*

Bion: Não, eu não posso, porque penso que vale a pena considerar que a inveja constitui-se como característica fundamental, muito poderosa. Podemos vê-la quando um paciente – esperamos que seja o paciente, e não o analista – fica tão invejoso de seu analista, e de si mesmo, a ponto de não poder fazer um bom uso do analista, de modo que não pode tolerar nada na natureza de uma análise profícua e bem-sucedida, mesmo quando o próprio paciente é um dos participantes a ser recompensado.

Lamentavelmente, precisamos usar estes termos: é um dos modos como uma clivagem torna-se um bem. Clivamos muita coisa – inveja, ódio, admiração, e assim por diante – para conseguir alguma possibilidade, maior ou menor, um discurso articulado. No entanto, é claro, não clivamos coisa alguma – divisões gramaticais, regras de discurso articulado, tudo isso é muito bom para propósitos de discurso articulado, mas não servem para descrição da mente humana. Descobri ser mais fácil pensar sobre inveja e gratidão como estando na mesma progressão linear; não são realmente separáveis, mas uma é o extremo da outra, como se estivessem polarizadas, como se estes sentimentos pudessem ser vistos como atividades polarizadas (Ver "Inveja e Gratidão", de Melanie Klein).

*P: Pensei que o clima foi muito caloroso nos primeiros três anos em que o senhor esteve aqui; minha expectativa, de algum modo, seria que o mesmo ocorreria agora...*

Bion: ... Até o ponto que o senhor não me considere responsável por tê-lo feito intencionalmente! Deve haver alguma explicação para este tipo de clima. Meteorologistas fizeram tentativas para descrevê-lo de forma científica. Podemos ver, na televisão, ondas de baixa pressão de ar aproximando-se da ilha, em bons intervalos com muita neve e lama, e coisas similares – muito desconfortável. O que realmente afeta o tempo é uma tentativa de se aproximar da verdade. Mas a verdade independe de nós. A psicanálise constitui-se como tentativa de conhecer o que vem a ser aquilo que nos interrompe, ou que impossibilita pensar claramente, ou ter algum respeito por fatos que nos estejam disponíveis; é uma tentativa para investigar o que, dentro de nós, ocasiona tantos problemas, não porque causemos o problema, mas porque o problema é a única coisa sobre a qual poderemos dizer algo. Nada podemos fazer a respeito destas forças e poderes localizados fora de nosso controle. Portanto, se estamos – nós mesmos – em falta, será útil conhecer qual é a questão. "A falta, querido Brutus, não está nas estrelas, mas em nós – os subalternos" (Shakespeare, *Julius Caesar*, I. ii)[2] – asserção de extrema profundidade. Mais cedo, ou mais tarde, teremos um método no qual nossas faltas corrigir-se-ão por nós mesmos. Isto nos é algo familiar em questões clínicas: é lugar-comum o fato de que, ao termos uma queixa física, teremos que conseguir algum tipo de ajuda – uma ambulância, um médico, uma enfermeira. No entanto, quando o problema diz respeito a defeitos no nosso modo de pensar, fica muito mais difícil. Precisa se criar aquilo que denominamos psicanalista, ou algo melhor – o nome não tem muita importância. Mas *é* importante que possa existir a "coisa em si". Será necessário haver pessoas a quem podemos procurar para algum tipo de assistência quando ocorre um destes "congestionamentos", este fato de que não somos ne-

---

2   *"The fault, dear Brutus, is not in our stars, but in ourselves, that we are underlings"*, no original. [N.T.]

132 OITAVO SEMINÁRIO 1979

cessariamente estúpidos, mas não parece que somos capazes de pensar com clareza. No teatro, há atores que ficam temerosos de "escuridões",[3] de ter o "terror do palco"; o medo desse tipo de "interrupção" que interfere na capacidade de exercerem aquilo para o qual estão capacitados tecnicamente.

*P: Vou me referir aos seus comentários a respeito da pessoa circulando na National Gallery sem poder entender que havia algo de bom nas paredes, o que poderíamos fazer que pudesse disponibilizar algo para alguém com falhas no entendimento?*

Bion: Não consigo ver nenhum modo pelo qual possamos nos evadir de tal dificuldade. Não podemos saber da existência disto, nem podemos ser alertados, ou ter alguma previsão. Mas, na prática de análise, este assunto cessa de ser uma questão de discussões com alta potência[4] teórica. Torna-se um assunto de detectar o problema em um episódio psicanalítico atualizado na realidade, de duas pessoas encontrando-se com este tipo de objeto. É algo realmente macabro o modo pelo qual a teoria psicanalítica tornou-se tão prestigiosa, erudita, que, é certo, me odiaria se tentasse entendê-la. Na verdade, não perco meu tempo fazendo tentativas desse tipo. De vez em quando, sou bombardeado com este tipo de coisa: enquanto o paciente fica tentando me dizer alguma coisa, ele mesmo fica constantemente se interrompendo pelo próprio conhecimento psicanalítico de alta potência. A mesma dificuldade ocorre no outro polo, onde parece haver uma incapacidade para entender

---

3 *Blackouts*, no original. [N.T.]
4 *High powered*, no original. Um trocadilho automobilístico, relacionado aos problemas de congestionamento referidos no Sétimo Seminário. [N.T.]

WILFRED R. BION 133

ou apreciar a realidade de uma psicanálise. Mesmo na medicina física, clínicos e cirurgiões podem tornar-se indiferentes; tendo que lidar o tempo todo com dor física, tornam-se quase insensíveis à dor física. Há ocasiões em que isso irrompe. Tive uma experiência: um cirurgião e um anestesista estavam, em certo momento, se divertindo e falhando na observação de uma criança sendo operada – que quase morreu. De repente, pararam com a diversão, iniciando medidas emergenciais – infelizmente, tarde demais. (Ver *All My Sins Remembered*, p. 40.)[5]

Podemos nos tornar insensíveis frente à natureza real da dor, seja física ou mental. Eu sei, por minha própria experiência, que perdemos de vista o quanto os pacientes sofrem – e, nessa perda, somos ajudados pelos pacientes. Um paciente pode ser tão divertido que a sessão fica até prazerosa; pareceria quase indelicado lembrar este paciente de que sua vinda se deu em função de sofrimento.

É ilimitada a quantidade de coisas que tornam uma cooperação entre analista e analisando muito vulnerável – forma uma legião. Apenas podemos esperar ter a possibilidade em detectar, com o tempo, tudo que fica ameaçando esta tentativa particular – obter uma cooperação criativa entre duas pessoas. Temos um conforto: de uma certa forma, psicanálise não é algo importante; é um caso temporário, uma associação temporária. Portanto, podemos falar a respeito de "transferência" e "contratransferência"; psicanálise é transferida, está no caminho, mas o ponto real sobre psicanálise é que pessoas ficam constantemente tendo relacionamentos desconfortáveis umas com as outras. Pode ser com um grupo, pode ser com um indivíduo em particular: com frequência, a obstrução no relacionamento confortável ou prazenteiro faz com que se estabe-

---

5   A editora se refere à publicação pela Fleetwood Press, 1982. [N.T.]

leça uma circulação colateral. Se duas pessoas não alcançam êxito para tornarem-se marido e esposa, podem recair na solução física, de tornar o relacionamento em um tipo de experiência sexual exitosa. Escolhi este exemplo deliberadamente, pois estamos acostumados a ouvir que inibições sexuais causam problemas – e isso é verdade. Mas liberdade sexual também causa problemas: trata-se de um método para descobrir uma circulação colateral, para evitar dificuldades que alguém poderia denominar um relacionamento espiritual entre duas pessoas – no caso de não haver muitas conotações morais. No entanto, pessoas anseiam por um relacionamento adicional àquele puramente sexual; ou podem ter anseio por uma relação física, em acréscimo a uma discussão puramente intelectual. Não penso que possa se resolver este tipo de coisa através de um sentimento simples: "Ah, é verdade, inibições sexuais". Constitui--se como uma possibilidade, mas o que precisamos realmente é uma capacidade para detectar onde ocorreu um congestionamento, e qual forma tomou a circulação colateral. Tenho certeza de que analistas que trabalham com crianças devem estar familiarizados com a situação de terem sentido que o congestionamento real era algo entre os pais da criança, e que a circulação colateral se configurou em mandar a criança para um psicanalista, de tal modo que psicanalista + criança ficam sendo um tipo de circulação colateral entre algo que permanece fora do relacionamento entre esposa e marido. Essa é uma das complexidades na abordagem psicanalítica para este tipo de dificuldade; é por isso que digo que nossa abordagem é o velho sistema de coordenadas, pelo qual podemos localizar dor. Fica bem fácil tornar o relacionamento entre analista e analisando um flagelo, e ficar analisando *ad infinitum* – como disse antes, transferência, contratransferência e assim por diante – sem estarmos, na verdade, capacitados a localizar onde fica o problema real. Tomemos aquele ponto, o clima: não apenas isso que notamos ao retornar a este país; há também peculiaridades notáveis no estado de mente. Não sei qual é a extensão do que está sendo feito a respeito disto. Por muito tempo, pensei o quão extraordinário era o fato de que o único país que havia lutado em duas Grandes Guerras, do começo ao fim, não havia perdido em nenhuma vez. Então, dificilmente surpreenderia que não tivéssemos que pagar por este tipo de luxo. E claro, não pretendo que isso seja a interpretação correta, ou que seja sequer relevante; não conhecemos quais são estas mudanças em postura, ou qual é a diferença entre, poderíamos dizer, uma Inglaterra onde acreditava-se haver o Império Britânico e uma Inglaterra mais próxima de se amoldar àquilo que se costumava denominar a postura dos pequenos ingleses. Se isso agora é a pequena Inglaterra, então está sendo muito difícil fazer o processo de reajuste a esses "fatos". De qualquer modo, sequer sabemos que fatos são estes, nem qual seria um reajuste na rota correta. Uma das razões, parece-me, pela qual ficou urgente fazermos um trabalho psicanalítico; e por que ele precisa obter alguma tendência realística. Será inútil que um monte de gente se reuna para discutir sobre teorias kleinianas, ou teorias de outros – será pura perda de tempo, por haver questões muito mais importantes para se pensar, ou mesmo para aprendermos a pensar.

# APÊNDICE A

# Extraído de *Verdades Básicas*, por Charles Péguy[1]

Três termos do dispositivo republicano, Liberdade, Igualdade e Fraternidade, não ficam no mesmo plano; mas não só isso, pois os dois últimos, apesar de estarem mais próximos entre si do que estão em relação ao primeiro, mostram muitas diferenças – notáveis. Fraternidade nos obriga a não permitir que nossos compatriotas sejam deserdados – tarefa preliminar. No entanto, o contrário ocorre com igualdade; uma tarefa muito menos urgente. Ainda que seja urgentíssimo saber que ainda há pessoas famintas, o conhecimento é que, fora da destituição, não me causa preocupações, o fato de haver pessoas detentoras de fatias maiores ou menores de riquezas. Não posso dizer que tenho grande interesse na famosa questão de saber quem, na cidade do futuro, terá garrafas de

---

1   *Basic verities*, por Charles Péguy, publicado pela primeira vez na Inglaterra, em 1943, por Kegan Paul, Trench, Tubner & Co. Ltd. (prosa e poesia em francês, com traduções para o inglês de Ann & Julian Green).

138   APÊNDICE A

champanhe, cavalos puro sangue, castelos no Vale de Loire. Espero que isso seja resolvido, de algum modo. Mas realmente não me preocupo se este ou aquele terá esta ou aquela posição, até o ponto em que haverá, de fato, uma cidade onde nenhuma pessoa sofrerá banimento, ou será mantida em exílio por destituição econômica. Muitos outros problemas, indubitavelmente, chamarão a atenção do cidadão, mas será suficiente para anular o pacto civil que uma única pessoa seja presa injustamente, ou, dando na mesma, que uma pessoa sequer seja deserdada contra sua vontade. Até o ponto em que uma pessoa, apenas uma, fique fora, a porta fechada para ela fechará uma cidade de injustiça e ódio.

O problema da destituição não fica no mesmo plano, ou é da mesma ordem, do problema de Desigualdade. Novamente, preocupações instintivas para a humanidade – antigas e tradicionais – quando submetidas à análise, mostram-se muito mais profundas e melhor justificadas e muito mais reais do que manifestações de democracia – recentes e sempre artificiais. Um dos mais antigos cuidados da nobre humanidade é salvar os deserdados – persiste através de todas as civilizações. De tempos em tempos, a fraternidade se colocada à luz da caridade ou à luz da solidariedade; se praticada a um hóspede, em nome do Hospitaleiro Zeus; se é de boas-vindas aos pobres, como uma imagem de Jesus Cristo ou se estabelece um salário mínimo para os operários; se investe no cidadão universal, apresentando-o pelo batismo na comunhão universal ou se pela melhoria das condições econômicas que apresenta tal cidadão na comunidade internacional, essa fraternidade é um sentimento humano, imperecível, de raízes profundas, vivo...

O sentimento de igualdade parecerá pequeno, ao compará-lo com este grande sentimento. E também, mais simples. Quando se provê todos os seres humanos de necessidades, de necessidades reais, pão e livros, por que preocupar-se com distribuição de luxos?

Sentimentos de fraternidade devem ser formidáveis, pois conseguiram, desde os primórdios da humanidade, frear, e até sobrepujar, sentimentos bárbaros de ódio, de guerra. Por outro lado, não é antigo o sentimento de igualdade, nem perpétuo, nem universal, nem de primeira magnitude. Em períodos determinados, aparece na história da humanidade, como fenômeno peculiar: manifestação do espírito democrático. Grandes homens e grandes povos, de certa forma, sempre foram animados e perturbados pelos sentimentos de fraternidade – pois preocupações sobre destituição nunca passam sem amargura e tumulto. O sentimento de igualdade, por outro lado, nunca inspirou nada que não fosse uma revolução particular e questionável. Trouxe aquela revolução inglesa, deixando o mundo moderno herdeiro de uma Inglaterra nacionalista e imperialista. Trouxe aquela revolução americana para instituir uma república imperialista. Não inaugurou humanidade. Não preparou a cidade. Inaugurou apenas governos democráticos. Constitui um sentimento composto, misturado, frequentemente impuro, para o qual contribuem vaidade, inveja e cupidez. Almas modestas, dispostas a trabalho pesado, ficam inquietas, são impulsionadas e apaixonadamente interessadas por fraternidade. Igualdade, habitualmente, alcança apenas amantes da publicidade, da ribalta, do governo. Ou, novamente, sentimentos de igualdade, obtidos por construção formalística, são artificiais: livrescos, escolásticos. Quase sempre, no incitamento de paixões humanas violentas, profundas e amplas, por igualdade – como ocorreu no início da Revolução Francesa – é porque Igualdade formalística coincide com as realidades de liberdade e fraternidade. Com raras exceções: não são, nem nunca foram, destituídos os que apresentaram preocupações de igualdade na política. Todos eram, e são, integrantes da classe média e pobre: tabeliões, advogados, procuradores, gente que nunca recebeu a investidura permanente, impagável, de ser deserdado.

# APÊNDICE B

# Entrevista com Anthony G. Banet Jr.[1]

## 1976

### Los Angeles, abril

Banet: Em *Experiências em Grupos*, o senhor faz alusões às suas próprias experiências de guerra. Gostaria de ouvir mais a respeito.

Bion: Durante a Primeira Guerra Mundial, saí da escola e fui direto para o exército e entrei nos tanques, pois queria saber o que era um tanque. Nessa época, tanques ainda eram um segredo. Pas-

---

1 Especialista em dinâmica de grupos nos Estados Unidos, mais voltado para administração de empresas; idealizou alguns questionários para pesquisas de satisfação de clientes e medições psicológicas, como o *ISAC – Inventory of Self-Actualizing Characteristics*, além de estudos teóricos relacionando filosofia chinesa com teorias de grupos; fazia trabalho pastoral. A entrevista foi publicada na *Group & Organization Studies Management*, 1(3):268-285, em setembro de 1976. [N.T.]

142 APÊNDICE B

sei o resto de minha vida arrependido. E é muito difícil falar a respeito de arrependimento.

O exército é uma instituição peculiar: você convive com uma pessoa por um curto período de tempo, depois descobre que conseguiu conhecê-la muito rapidamente e em profundidade. Não há nada parecido com este negócio se confrontar constantemente com a possibilidade de morrer. De 700 oficiais, foi formado nosso batalhão no curto espaço de tempo em que estávamos em ação – mais ou menos dezoito meses. O resultado foi que pude conhecer estas pessoas muitíssimo bem. No entanto, esqueci-me de seus nomes, pois estive com eles muito rapidamente. Recordo-me de ter cruzado com uma pessoa que me reconheceu, embora não estivesse na minha Companhia.[2] Tratava-se de um motociclista, Patrulheiro da AA.[3] Reconheci-lhe pelo semblante, quando se apresentou, mas não sabia onde poderia localizá-lo. O evento ajudou-me a ver que abrigava sentimentos muito profundos por estas pessoas.

---

2 Companhia: a menor unidade militar provida de responsabilidade (tática, estratégica e logística) própria, contando com algo entre 60 e 100 pessoas. Normalmente é dirigida por um Major, secundado por um Capitão. Mais de duas companhias formam um Batalhão. [N.T.]

3 AA Scout, no original. AA: acrônimo para Associação Automobilística (Automobile Association), uma das várias instituições comunitárias de utilidade pública, direito privado, fortemente influenciada pela ética anglicana, regulada pelo estado. Na época de Bion, encarregou-se do patrulhamento de estradas com bicicletas. Com a introdução do motor a explosão, popularizado com o uso de motocicletas, a instituição AA criou nova categoria profissional, cuja organização foi inspirada pelo estamento militar e pelos escoteiros de Baden Powell. Sua função era orientar transeuntes e motoristas, ajudando-os em caso de falhas humanas e mecânicas. No entreguerras, e também depois da segunda guerra, tornou-se a maior fornecedora de mapas rodoviários e indicações para hospedagem, mantendo oficinas espalhadas por todo o país. [N.T.]

Banet: Parece ter sido uma época muito aflitiva. Estas experiências contribuíram para suas formulações teóricas a respeito de grupos?

Bion: Não. No entanto, suponho que tiveram algum tipo de influência. É algo de difícil descrição. Na minha primeira ação de combate, tive um sentimento intenso que não deveria ficar aterrorizado – não posso fugir, pensei. (É claro, não podíamos fugir – é impossível – como descobrimos.) Outra coisa que descobrimos é que, no combate, não podemos resolver coisa alguma. Ficamos gradualmente mais aterrorizados, pois gradualmente vamos conhecendo quais são os perigos. Penso que isso foi uma descoberta muito desagradável. Veja só, pensei que um bom soldado, um soldado de carreira regular, podia aprender muito. Um soldado não fica menos aterrorizado, mas aprende como cuidar de si mesmo.

Banet: O medo nunca abandona um soldado.

Bion: Nunca.

Banet: Nessa época, o senhor praticava medicina, ou psiquiatria?

Bion: Não. Isto veio depois. Era apenas um combatente, um soldado. Foi curioso o sentimento de enorme alívio quando tudo acabou. Mas, nesse momento, apareceu uma descoberta: a experiência deixou marcas muito profundas.

Depois da guerra, fui direto para Oxford. Foi maravilhoso. Tudo na Universidade era muito interessante, muito excitante. No entanto, este "tudo" impossibilitou-me entender o que permanecia borbulhando dentro de mim. Quando estive em Oxford, houve muitas tragédias com o pessoal que havia servido na guerra. Outra coisa que ocorreu foi a enorme surpresa das autoridades no Colégio na descoberta de que virtualmente todos os antigos oficiais eram extremamente bem disciplinados. Nunca houve

144 APÊNDICE B

nenhum problema. Um monte de gente esperava o retorno do "soldado depravado". Ficamos seduzidos pela crença de que tudo era lindo – como, de fato, foi. Mas ficou muito difícil dar-nos conta de que, enquanto tudo era tão magnífico, não sentíamos que pudéssemos obter o privilégio em gozar daquele "tudo". Pairava algum tipo de sombra – uma coisa assustadora que nunca abandonou nossas mentes. Simplesmente atrelamos a sombra às novas tarefas, como se estivéssemos indo para uma prova final. Tenho certeza de que a sombra da guerra permaneceu como pano de fundo, para todos nós.

Banet: Mas não se falava sobre essa sombra.

Bion: Realmente, não se falava nada sobre isso. Preciso dizer que surpreendeu-me a descrição de Evelyn Waugh, que afirmou sobre o alívio em se livrar daquela turma; disse que estávamos constrangendo toda a universidade; sob o ponto de vista de Waugh, a universidade tornou-se sombria, pelos antigos soldados e pela guerra, tudo aquilo era um peso morto. Não se podia progredir, não dava para romper essa casca. Waugh, é claro, estava lá em cima, na universidade. Em nosso ponto de vista, ficávamos ressentidos com as "crianças", por assim dizer, que nunca serviram na guerra e pensavam ser os maiores, na universidade. Isso não tinha a menor importância, pois tínhamos mais experiência. Penso que a universidade sofreu tendo tantos ex-combatentes.

Estas pessoas tentavam ser muito polidas com ex-combatentes, mas não tinham a menor ideia de quais seriam nossos problemas. Tudo que podiam fazer foi nos prover de quartos e alimentação da melhor qualidade, com todas as amenidades. Do ponto de vista das autoridades universitárias, havia muito pouco que poderiam fazer por nós. Estávamos muito felizes em mergulhar nas várias atividades. Tive a sorte de ter dotes atléticos, fiquei como capitão do Clube de Natação de Oxford. Havia muito para nos manter ocupados. Também joguei *rugby* pela universidade. Não tenho muita certeza se foi sorte, pois ajudou-nos a encobrir o terror; caímos nessa ideia, de que tudo era tão maravilhoso – e realmente, era.

Banet: Foi fácil, se esquecer do terror...

Bion: Sim... mas apenas me esqueci. Um amigo foi para Manchester; ao retornar, disse-me: "Você bem sabe: a universidade é um pesadelo ao contrário. Você não tem a menor ideia de como são as coisas em Manchester: miséria, desemprego... como são as condições, no todo. Quando ando por aqui – corridas, toda essa excitação, essas disputas – é a mesma coisa de entrar em um mundo completamente irreal de alegria, prazeres, conforto – enquanto quem foi para Manchester entrou direto numa situação amedrontadora. Na verdade, a única situação real".

Banet: Em um de seus comentários sobre o modelo Tavistock, Margaret Rioch aponta a forte ênfase do modelo em aspectos trágicos, na seriedade da vida. Sua história parece a mesma coisa – por trás de toda a cena da universidade idílica você estava sendo lembrado por seu amigo que sérias ocorrências estavam em curso em Manchester – eventos mundiais causando dor à população.

Bion: Não acho que seja raro encobrirmos a dor de coisas pouco trágicas. Se o dia está bonito, ficamos felizes e agradecidos. Hoje em dia, quando penso na Inglaterra, sempre penso em um clima ensolarado. Esqueço-me dos alagamentos nos pântanos. Do quão bestial e miserável é a primavera: muito fria. Lembramos apenas dos dias de verão – do tempo de verão, das condições do verão... Tendemos a nos concentrar no quão maravilhoso é tudo – como a vida é boa – e vamos nos ressentir caso alguém nos recorde de que, para a maioria das pessoas, a vida não é boa. Obviamente, quase

146  APÊNDICE B

todos nós aprendemos o mesmo truque: ficamos mais alegres ou afortunados do que, na verdade, somos. De repente, uma surpresa: ficamos doentes. A própria doença é tratada como se fosse uma falta de sorte. Penso que um enunciado mais correto seria que a saúde do indivíduo é uma sorte. Por alguma razão, fomos brindados com este negócio, nas nossas cabeças, permitindo-nos uma crença específica: boa saúde – o tipo de saúde ocorrendo aos trinta anos – é normal.

Banet: Um ponto de vista completamente oposto ao movimento potencial humano – a celebração da individualidade, conversas sobre alegria, sobre comunidade. Fico interessado em conhecer sua visão sobre os movimentos grupais atuais, enfatizando completude e felicidade.

Bion: Não conheço muita coisa sobre estes movimentos, para dizer algo particularmente sábio; mas conheço psicanálise: algo que se baseia na premissa de que estar infeliz é anormal – estar ansioso. No entanto, parece-me que, se alguém entra no negócio de lidar com pessoas, essa premissa é muito questionável. O mais usual na vida é envolver-se com tragédia, tristeza e saúde decadente. Afinal das contas, a saúde decai a partir do nascimento; existem pessoas que nunca estiveram bem. Penso, de certo modo, que essas pessoas gozam de maior sanidade que pessoas como eu, que tiveram boa saúde e foram excelentes atletas – na verdade, não podemos apreciar um fato: por que, neste mundo, alguém teria outra coisa que não fosse saúde? Não sei como se estabelece alguma medida-padrão, mas poderíamos considerar que o padrão seria o sofrimento e rivalidades com outros seres. Os pobres, os menos bem-sucedidos, naturalmente cobiçariam a riqueza, os bens, o conforto dos mais bem-sucedidos. Isso se aplicaria tanto a nações como a indivíduos. Seria muito razoável supor natural o fato das nações e indivíduos saudáveis e bem-sucedidos constituírem-se como alvo para hostilidade.

Banet: Penso que foi Melanie Klein quem estimulou seu interesse por psicanálise.

Bion: Sim, certamente Melanie Klein exerceu influência. Antes dela, John Rickman. Além de ter sido muito influente, foi alguém de quem muito gostei. Ainda que tenham me ficado claras, várias de suas dificuldades pessoais. Temos que usar pessoas com tais dificuldades. São elas, que se tornam nossos professores; são as pessoas que fazem avanços. Lembro-me dele com enorme afeição.

Banet: Rickman estava no Instituto Tavistock?

Bion: Não. Estava no Instituto de Psicanálise. Um "herético", pois ficava lidando com o Instituto Tavistock – algo completamente inapropriado, pelos psicanalistas.

Banet: O senhor também era um destes heréticos, por estar no Instituto Tavistock?

Bion: Sim. Também fui herético também em um outro sentido, pois, apesar de ser membro do Instituto Tavistock, mantive contato com a psicanálise, queria ser um psicanalista, e tornei-me um psicanalista. Naquela época, o Instituto Britânico de Psicanálise receou endossar atividades não psicanalíticas e não cooperava com o Instituto Tavistock. Não difere muito da situação dos psicanalistas nos Estados Unidos; pensa-se que endossar psicanalistas que apoiam as teorias de Melanie Klein equivale a solapar a psicanálise.

O Instituto Tavistock – penso eu – ficou temeroso de que a liberdade no pensar, supostamente a marca registrada do Instituto, ficaria em perigo pela rigidez fanática dos psicanalistas. Portanto, intercâmbios entre Rickman e os membros da Tavistock ficaram visto com suspeita: tanto pelo Instituto Britânico como pelo Instituto Tavistock.

148  APÊNDICE B

Banet: Considera-se, com frequência, que A. Kenneth Rice foi seu principal aluno. O senhor pensa que Rice estendeu a teoria?

Bion: Não conheço suficientemente o trabalho de Kenneth Rice. Estivemos em Amherst, mas apenas uma vez, em um grupo pequeno (Rice não conduziu o grupo todo). Não tive a oportunidade de me atualizar no trabalho dele; sequer soube o quão doente Rice estava naqueles dias.

Banet: Dr. Bion, sua teoria grupal enfatiza a existência de pressupostos básicos na vida, subjacentes à superfície da vida grupal. Gostaria de ouvir seus comentários a respeito da operação dos pressupostos básicos em grupos.

Bion: Os dois termos – básico e pressuposto – revestem-se de importância. Parece-me que não é apenas o pressuposto que é básico, mas também a coisa que alguém está tentando falar. A dificuldade está em como definir ou detectar essa teoria básica. Tentamos ser tão polidos e civilizados quanto possível, mas, no sigilo de nossa própria mente, quando paramos para pensar nisso, somos despertados pela realidade do mesmo modo em que somos abalados pelo som de um despertador. Que linguagem usaríamos para falar de nosso despertador? Como conectá-la com aspectos fantasiosos, ocultos e básicos de nossas mentes, com as realidades do mundo externo?

Em grupos, temos a oportunidade de ouvir a linguagem que expressa estes pressupostos básicos. Realmente, um dos aspectos em grupos é o provimento de uma oportunidade para ver coletivamente tudo que ocorre. Ao invés de uma linha com trinta pessoas, vemos uma coleção completa de trinta pessoas, todas juntas. Penso que o grupo é uma distorção, mas um levantamento topográfico também é uma distorção: em uma superfície plana, usamos linhas de contorno para retratar montanhas e vales.

A abordagem grupal deve ter seus métodos próprios para retratar estes pressupostos básicos da vida. Tais métodos ainda aguardam descobrimento, mas isso precisará ser algo que esprema, como alguém que faz uma geleia, todos os dados, retratando os resultados em uma superfície plana.

Banet: Muitos consideram a noção de "pressuposto básico" como chave para compreender os processos grupais. No entanto, o senhor diz que o método para usar essa chave precisa ser elaborado.

Bion: Sim. Penso que a noção "pressuposto básico" demanda enorme investigação. Por exemplo, todos nós conhecemos pessoas com dores reumáticas. Um clínico geral na Inglaterra conhece pessoas atreladas a uma cama por vinte, trinta anos. Câncer tem tido tanta publicidade, pois ninguém vai se incomodar com uma pessoa com queixas reumáticas, tediosas e cansativas, e que nunca vai embora. Penso que essa é a direção onde precisa ir a investigação sobre grupo. Se pudermos persuadir trinta pessoas com dores reumáticas para uma reunião conjunta, poderíamos aprender alguma coisa. Precisaríamos dispor de um perito em grupos, pois não penso que poderíamos manter tantas pessoas com esse tipo de dor juntas – elas iriam se odiar... e muito. Ousariam vir uma vez, mas poderiam descobrir que outros estavam ocupando o mesmo palco e não obteriam uma oportunidade real para dizer o quão terrível era sua dor. Penso que apenas um perito em grupos poderia tolerar este tipo de coisa, se este perito, de fato, pudesse tolerar, penso que algo emergiria daquele padrão – um algo que não poderia emergir se o perito visse cada pessoa de forma individual. Penso que podemos olhar um grupo como se olhássemos um mapa cartográfico. O teórico em grupos poderia "ler" o grupo.

Banet: O senhor usou um relógio como analogia, em seu livro. É possível entender partes individuais em um relógio, mas preci-

150  APÊNDICE B

saríamos necessariamente saber que sua função é dizer a hora, na hora em que todas estas partes se juntam.

Bion: É verdade. É como o processo em um grupo. É mais provável que o processo grupal nos diga algo a respeito do que está indo dentro de nós mesmos – como fome –, algo que não conhecemos cognitivamente. Penso que a pessoa que toma um grupo, ou seja, o especialista em grupos, precisa estar capacitado para detectar um padrão – que não fica óbvio para o resto do grupo.

Banet: Associo a expressão – "adentrar um grupo" – com o senhor. Outras pessoas falam em "fazer" grupos; ou "conduzir" grupos; isso fica muito claro no seu escrito, quando o senhor adentra um grupo. Desse modo, observamos algo que não criamos.

Bion: Precisaríamos sempre nos recordar de que, na verdade, todo membro de um grupo adentra um grupo, caso possamos ver isso desse modo. O camarada que fica sentado e não fala coisa alguma, do início ao fim, adentra o grupo, exercendo uma influência no grupo. Mais cedo ou mais tarde, alguém vai notar: "O senhor não falou nada". Então, podemos perguntar, "O senhor permanece vindo, semana após semana, sem falar nada, o que se supõe que vamos fazer?". Ficará óbvio, no entanto, que essa pessoa está tomando o grupo – em seu próprio modo – e mesmo assim pode dizer, "Não fiz nada".

Banet: Trabalhei com grupos de modos muito diversos. Quando fico mais pessoal e convidativo, sinto-me bem calmo. Mas toda vez que consulto um grupo no modo Tavistock, fico atemorizado, especialmente no início. Parece-me agourento – talvez alguma coisa terrível vai ocorrer. Parece que nesse tipo de grupo sempre existe um potencial para ocorrerem coisas horríveis.

Bion: Em psicanálise, quando nos aproximamos do inconsciente – ou seja, aquilo que não conhecemos – tanto o paciente como nós, analistas, ficaremos, com toda certeza, perturbados. Em todo e qualquer consultório, haverá duas pessoas realmente aterrorizadas: o paciente e o psicanalista. Se ambos assim não estiverem, perguntar-se-á, por que estariam se incomodando em descobrir algo que todo mundo sabe?

Muitas vezes, penso que os sentimentos de um analista, ao tomar um grupo – sentimentos que ocorrem enquanto absorvemos os pressupostos básicos do grupo – constituem um dos poucos fragmentos daquilo que cientistas denominam evidência, pois sabem sobre o que estão sentindo. É por essa razão que atrelo enorme importância a sentimentos. Como psicanalistas, podemos ver, por nós mesmos, o quão chocantemente pobre fica nosso vocabulário, para nós mesmos – ficamos assustados, sentimo-nos sexuais, sentimo-nos hostis – e isso é tudo. Mas isso não é assim na vida real. Na vida real, temos que ter uma orquestra: movimento contínuo, um escorregar constante, de um sentimento a outro. Temos que obter um método para capturar toda essa riqueza. Em um grupo, ficamos na desafortunada posição de ter pouca evidência. O médico, a pessoa física, pode obter evidência física, ou pelo menos assim pensa. Quando lidamos com coisas físicas, podemos tocá-las, senti-las, sentir seu odor, mas, quando usamos nossas mentes, ficamos em oposição, por não sabermos o que a mente é capaz de perceber. Mesmo os sentidos que nos permanecem disponíveis em um estágio de nossa vida ficam perdidos.

Algumas criaturas marítimas retêm percepção sensorial incrível. Como exemplo, o peixe-cavala, dotado de olfato de longo alcance, podendo se alimentar por sentir matéria em putrefação, onde quer que esteja, seja lá do que for feita; pode se aproximar muito dessa matéria. Por outro lado, nosso sentido de olfato deteriora-se sensivelmente, pois um olfato agudo ocorre apenas em ambientes aquáticos.

152    APÊNDICE B

Quando nascemos, ocorre uma troca de ambientes fluidos: do aquoso ao gasoso – ar. Levamos algum tipo de fluido, sob forma de muco; mesmo em níveis muito diminutos, nosso aparelho nasal consegue operar. Quando tivermos grande quantidade de muco, chamamos isso de catarro, e o elemento aquoso afoga nosso sentido olfatório.

Banet: Então, a pessoa que toma um grupo fica cheirando, ou confia em algum sentido especial.

Bion: Bem, posso dizer que seria sábio fazer essa suposição, e pode-se ficar gradualmente mais consciente a respeito do que é este sentido especial. Suponhamos que estejamos observando um grupo – digamos – de russos. Poderíamos dizer: "Estes russos nunca sorriem, nunca dão risadas". Bem, se estamos usando a pequena musculatura ao longo de nossas bocas, vamos notar quando outros não a utilizam.

Pode tomar certo tempo até que notemos que russos não usam essa pequena musculatura para sorrir, mas usam outra coisa – os pés, ou ainda outra coisa (podem ser dançarinos) – expressando o sorrir dessa forma.

Banet: Tive uma fantasia: estava viajando para ver o senhor. E o senhor se parecia com Basil Rathbone, vestido como Sherlock Holmes – um detetive, constantemente alerta para as menores pistas. Soa como se o consultor grupal fosse um detetive, hábil em ficar atento a nuances.

Bion: Parece-me importante desenvolver tal habilidade – discriminar a informação. Vamos levar em conta uma sala, como a que estamos. O senhor pode ter alguma noção da sala; caso seja muito observador, terá boa memória a respeito dos objetos colocados nessa sala. Se o senhor tiver muitos dados, poderia dizer,

"Penso que o pessoal que mobiliou aquela sala não tinha muitas preocupações estéticas". Isso constitui uma interpretação a respeito dos objetos materiais. O senhor tornou-se alguém que reúne suas próprias impressões sensoriais, mas caso permita-se ficar inundado por estas mesmas impressões – excesso de muco, por assim dizer, sequer poderá sentir odores – e, ao invés de se constituir uma vantagem, sua percepção torna-se um ônus. Penso ser este o sentimento de reclamação de muitos franceses, dirigido a Victor Hugo. Perguntaram a André Gide o nome do maior poeta francês, a resposta foi: "Infelizmente, Victor Hugo". As observações de Victor Hugo são impressionantes; realmente, extraordinárias. Consegue levar a cabo imagens visuais impressionantes, mas não obtemos nenhuma impressão sobre Hugo como sendo um grande pensador, pois parece ter sido incapaz de sintetizar suas próprias observações. Deixou este trabalho para os leitores.

Banet: Poderia ser essa uma das funções da teoria – prover a síntese de impressões. Gostaria de ouvi-lo falar a respeito de grandes grupos – instituições e organizações.

Bion: Instituições, organizações – dá no mesmo – estão mortas. Permita-me colocar desse modo. Uma instituição comporta-se de acordo com algumas leis e regras – tem que fazer assim – e todas as leis organizacionais tornam-se rígidas e definitivas, como se fossem leis da física. Uma organização torna-se dura e inanimada, como esta mesa. Nunca conheci ninguém que pudesse dizer qual é o ponto onde aquilo que é animado transmuta-se em inanimado. Por exemplo, um monte de esterco. Parece inanimado, a partir de um momento, aparecem uns vermezinhos, e o esterco torna-se animado. Há dificuldade com toda e qualquer instituição – por exemplo, o Instituto Tavistock e todos os outros que tivermos é que estão mortos, mas quem está dentro da instituição não está morto, pessoas se desenvolvem; algo vai ocorrer. Geralmente ocorre

154 APÊNDICE B

que as instituições (sociedades, nações, estados e assim por diante) fazem leis. A lei original constitui-se como casca, e então novas leis expandem a casca. Se fosse uma prisão material, poderia se esperar alguma elasticidade nas paredes. Caso organizações não sejam elásticas, desenvolverão uma casca dura; nenhuma expansão poderá ocorrer, pois a organização trancou-se a si mesma.

Banet: Atualmente, existe muito interesse em fazer com que as organizações tenham mais respostas às necessidades humanas. Haveria alguma probabilidade de sucesso?

Bion: Quando uma organização não responde às necessidades humanas, há duas possibilidades: ou essa organização será destruída, ou o indivíduo será destruído. Será como um animal buscando proteção, desenvolvendo uma casca, ou uma carapaça. O que ocorrerá, tanto com a carapaça ou com o animal? Pássaros obtiveram um sentido suficiente para quebrar a casca, para sair dela.

De modo curioso, ocorre que a mente parece ser capaz de produzir sua própria casca. As pessoas dizem coisas como: "Estou muito feliz; não quero nenhuma perturbação nas ideias que já tenho – não quero ouvir mais nenhuma destas novas ideias. Se começarem a me fazer pensar a respeito disto ou daquilo, vou ter que me incomodar com as trapalhadas de Los Angeles. Por que não podemos viver em paz, serenamente, por aqui?". No meu pensar, sempre haverá uma resistência ao desenvolvimento, às mudanças, e uma tendência em pensar que será horrível caso estes vermes tentem animar aquele monte de esterco.

Banet: Instituições que estão por aí há algum tempo, como os Estados Unidos ou a Igreja Católica, professam interesse em renovação e mudanças, mas o que acaba ocorrendo, parece-me, são coisas perversas. Ou removem-se os líderes, ou a população torna-se muito pessimista quanto à possibilidade de mudanças.

Bion: Ouvi, com frequência, que os Estados Unidos possuem uma crença intelectual: é a nação "no topo". Portanto, existe um sentimento de que instituições são muito boas para nações em seu início, ou nações sem a menor importância, mas não servem para as nações "no topo". Penso haver uma tendência à rebeldia contra tal força restritiva, rebeldia contra essa casca invisível, tão difícil para ser imaginada – e até mesmo concebida.

Não sabemos quais são as restrições sobre uma nação. Eram razoavelmente claras nos anos iniciais. Foi muito fácil, para os americanos, ver que a força restritiva se constituía nos britânicos; que a rebeldia era contra os britânicos. No entanto, a partir desse ponto, a nova instituição formada começou a produzir, outra vez, uma casca. Entronizaram-se novas leis; e uma Constituição. Desenvolveu-se então um sentimento de que a Constituição – a casca mental dos Estados Unidos – não se adequava para o mundo como o mundo é, pois a nação está crescendo, ficando consciente da pressão e hostilidade externas. A população norte-americana pode querer viver em paz; pode não querer atacar ninguém; mas, nesse momento, descobrem-se destituídos de qualquer força naval, nem força aérea, nem exército – odeiam ter tudo isso. De novo, começa a crescer uma casca, dentro de uma casca. Os Estados Unidos têm que ter um serviço secreto. Então, suponhamos que o serviço secreto e a polícia querem saber sobre as pretensões da população, mas não veem por que isso seria da conta de outras pessoas. Portanto, à medida que a casca cresce, ficam cônscios da existência dessa mesma casca, que eles mesmos estão fazendo crescer. Obviamente, um procedimento muito desconfortável, pois podem odiar a casca, ainda que acreditem na necessidade de fazê-la. Por exemplo, não querem ser invadidos por outro país. Tudo bem, toleram o exército, a marinha, a força aérea, dizendo quererem me recrutar; precisarei aprender o manejo de armas. Odeio a casca, mas a vejo necessária.

156 APÊNDICE B

Banet: Nos tempos dos assassinatos políticos, havia um bocado de comentários editoriais sobre a ideia de que "todos somos culpados", e de que o assassino compartilharia um mesmo valor com o restante da sociedade – ele estaria agindo por todos.

Bion: É necessário estar alerta a tal julgamento – pode ser feito de modo prematuro e precoce. Se alguém julga prematuramente, ficará imobilizado nesse julgamento – acrescentando outra casca. Posso ver isso em mim mesmo. À medida que fico mais cansado, forneço interpretações mais rapidamente. Manter nosso frescor mental é algo atemorizador. Nossa mente persiste trabalhando, mesmo que não tenhamos sequer uma ideia nebulosa daquilo que está ocorrendo.

Quando alguém tenta aprender e toma algum tipo de abordagem científica, religiosa ou artística a problemas de história – simplesmente, fica difícil visualizar no que consiste, neste nosso mundo, o problema com este país. Podemos ter apenas modelos triviais que escolhemos, no passado.

Banet: Sei que o senhor concentra-se na psicanálise de indivíduos, e não em grupos, e que recentemente, escreveu sobre problemas de conhecimento e percepção. Atualmente, o que o excita?

Bion: Atualmente, trabalho principalmente com indivíduos – uma investigação que ainda tem muito para nos dar. Há uma vantagem em grupos: oferecem maior facilidade para podermos ver certos elementos. Pode haver maior dificuldade para divisarmos onde se encontra a dificuldade em pacientes individuais, que podem ficar tão calmos, tão racionais; podemos ser enganados pela aparência superficial. Virgílio descreveu a questão em *Eneida:* Palinurus, ainda tentado pela Divindade do Sono,[4] não fica tomado por um exterior enganadoramente belo e sereno. Quando o analista permite-se cair no engano, dirá: "Este paciente nunca teve nenhum problema, sempre foi bem, todos lhe dedicam bem querer e amor, é muito afetuoso, encantador. Não consigo entender por que, ou como essa pessoa poderia se suicidar". Isso é algo, é claro, demasiado dramático – que alguém termine sua vida sem que ninguém tenha observado o que estava ocorrendo. Ver o que vai lá dentro da pessoa – essa é a dificuldade.

Estou interessado no indivíduo – na luta que empreende contra a pressão das cascas construídas ao redor dele mesmo. Falávamos das cascas de organizações. Bem, indivíduos também têm cascas. Quando lidamos com uma personalidade, mente, também temos processos de construção de cascas, mas fica muito mais difícil de lidar com eles, pois não podemos recair em observação física. Talvez se fôssemos mais sensíveis, ou se pudéssemos empregar instrumentos mais sensíveis, poderíamos lidar de modo mais bem-sucedido, mas, como as coisas estão, na atualidade, não podemos.

Se tivermos uma mente ativa, essa mente ficará pressionada contra obstáculos e restrições à sua própria operação, e toda atividade, ou nosso esfalfamento ou afobação individuais, impõe restrições sobre nós mesmos, de modo que sequer poderemos localizar a casca. A inibição do *self* pessoal produz dificuldades. Seria tão simples se pudéssemos dizer: "Bem, o senhor está sofrendo de inibições, e todos nós conhecemos o que Freud falou sobre inibições". Mas não é apenas isso que se pode dizer a respeito de inibições. Temos um universo vasto, pleno de objetos espalhados, mas o mundo externo fica fora de nosso controle. Fica, simplesmente,

---

4   *Somnus.* [N.T.]

158  APÊNDICE B

lá fora. No entanto, temos alguma escolha sobre aquilo que vamos dar atenção. Isso significa, temos que fazer clivagens – mesa, lâmpada, e assim por diante. Caso pensemos em câmera lenta, teremos que escolher prioridades, uma ordem de precedência. Portanto, quando nossa escolha é sair fora de nossas inibições e restrições, estaremos enfrentando um problema de clivagem – denominando este objeto, o livro, e dizendo que este outro objeto é a mesa. Não sei se uma pessoa que se concentre na constituição atômica de algo concordaria com tal clivagem, pois onde terminaria a mesa? Onde poderemos dizer que, de um lado, existe a mesa e, no outro lado, o ar?

Banet: Posso aparecer com uma solução prática. Posso acreditar que a mesa é realmente uma coleção de moléculas, mas espero que algo repouse sobre a mesa, caso colocado nela.

Bion: O ponto é este mesmo. Temos que chegar a uma decisão prática; em algum momento, teremos que traduzir nossos pensamentos e ideias em ação; até o momento, fomos capazes de fazê-lo.

Banet: Estou interessado em saber sobre o que senhor pensa a respeito do crescente interesse – neste país[5] – em filosofias orientais. Parece que estamos abandonando tradições europeias ocidentais e adotando perspectivas orientais.

Bion: Não penso ser possível nosso abandono de tradições europeias ocidentais, mas é muito impressionante que tenhamos nos tornado conscientes da *existência* de métodos diversos de pensar. Não conheço sânscrito (não sou nada bom em idiomas), mas até o ponto que posso dizer, através de traduções, há uma similaridade notável entre, por exemplo, o *Bhagavad Gita* e Meister Eckhart –

---

5    Estados Unidos da América. [N.T.]

uma semelhança entre religiões completamente diferentes. Os dois ficam rodeados desse tipo de pensar – a quebra da casca individual – e ambos deixaram muita gente perturbada. Depois de centenas de anos, ainda se lê o *Bhagavad Gita*.

Banet: Os pensamentos místicos, oriental e ocidental, sugerem uma redução ou destruição do ego – que podemos, de algum modo, quebrar a casca do *self*.

Bion: Freud fez uma observação muito esclarecedora a respeito de ego, id e superego. É apenas quando tentamos contemplar essa observação, tentamos olhar para o ser humano, começaremos a ver que formulações psicodinâmicas, em si muito frutíferas, não são realmente suficientes. É difícil... pois não sabemos se estamos distorcendo Freud ou se entramos no caminho correto.

Parece-me que estamos dizendo que a mente tem um tipo de pele, em contato com outra pessoa. Por exemplo, estamos aqui, juntos, falando. Por quê? Como? Posso estar muito errado em pensar que sei do que o senhor está me falando, e que conheço o que o senhor me pergunta, mas... por quê? Quais são os sentidos? Se for uma questão do meu sentido de tato, posso dizer que é a pele. Mas qual é a pele mental, capacitando duas pessoas a estarem (ainda que seja um uso metafórico do termo) em "contato"? Emprestamos o termo do mundo físico, mas o termo "contato" não carrega o sentido de toque. Podemos senti-lo; podemos trazer nossa mente (como disse o Dr. Johnson) contra a mente de outrem, e podemos ficar cônscios de um contato – algo que acabamos de ter – com outrem. Vamos precisar de algumas palavras quando queremos falar a respeito de contato. Esse contato requer rótulos.

Banet: Certamente, fico cônscio de quando não estou em contato com outrem.

160 APÊNDICE B

Bion: No entanto, fica muito difícil saber por que sabemos disto.

Banet: Muito de nossa atenção fica voltada para aspectos filosóficos do seu trabalho. Posso ver que o senhor brinca com conceitos – coloca as coisas juntas. Fico interessado em ouvir mais a respeito.

Bion: Não tenho certeza de que possa encontrar a citação. Em *Fedro*, Sócrates assinala a extrema ambiguidade da linguagem e as dificuldades produzidas quando temos que tornar nossos pensamentos em ação, que nunca é ambígua. Quando há um encontro (duas entidades, dois carácteres ou personalidades) – o que faremos? Usualmente, não se trata de um problema agudo, de algo notável, pois pode ser feita uma tentativa, na qual falamos a mesma linguagem. Mas, suponhamos a seguinte situação: encontramo-nos em uma ilha deserta com alguém que nunca vimos, cuja linguagem desconhecemos – como fazer a ponte? Linguagens por sinais são lugar-comum, mas ninguém estudou como se faz o contato, na realidade.

Banet: Eu investiria meu dinheiro em algum tipo de ação ou trabalho colaborativo.

Bion: Aqui reside a importância em abordagens grupais – há a possibilidade em se detectar o que é contato nesse tipo de trabalho. O grupo tem que encontrar algum modo pelo qual vai se encontrar novamente – algum método de comunicação entre os vários membros fisicamente únicos, indivíduos diferentes. Parece-nos que terminamos onde nosso corpo termina, mas isso é uma situação muito confusa. As pessoas podem se encontrar, e falar, e podem se estender até dentro de outras pessoas. Parece até mesmo acontecer um tipo de comunicação estendendo-se sobre séculos, entre Platão, o *Gita*, Meister Eckhart e nós.

Banet: Há uma explicação na religião: o espírito.

Bion: Religiosos têm pensado nisso há bastante tempo, eles têm um vocabulário considerável, mesmo que possamos dizer que ele não é adequado. Teremos que inventar algum tipo de extensão, teremos que fazê-la eclodir em algum lugar. Parece-me que a obtivemos caso tivéssemos esta pequena pintinha, que denominamos psicanálise. O problema é nossa enorme limitação – nós, analistas, pensamos que, se somos uma parte dessa pintinha, o resto do corpo simplesmente inexiste – que o mundo religioso (seja lá o que for isso) foi extinto. Psicanalistas tem se mantido particularmente cegos no que diz respeito ao tópico religião. Caso tentemos estender – se estivéssemos na borda do ponto de crescimento – seria absurdo imaginar que inexiste algo anterior a nós, ou que inexiste algo que não estaríamos empurrando.

O que nos traz a outro ponto. Se psicanálise for um tipo de extensão do mundo religioso, o mundo religioso colocaria objeções a tal extensão. Judeus questionaram sobre alguma distorção na tradição hebraica naquilo que se denominou cristianismo. Batemos, renovadamente, com este tipo de coisa. O que são estas novidades – psicanálise, psicologia, grupos, terapia? Todas falaciosas; a resposta comum tem sido, "Tudo conhecido pela igreja há séculos", e, alternativamente, "Tudo perigoso, herético. Destruirão a religião, caso introduzam sexo nas coisas".

Banet: Parece que, em um estágio posterior, a igreja abraçou a psicanálise, incorporando-a dentro de seu treinamento.

Bion: Sim, mas parece ser o mesmo processo de obtermos uma casca suficiente para nos proteger, e então teremos de mostrar rebeldia contra a casca, pois tal casca não apenas nos protege, mas pode nos silenciar. A casca que protege também mata. Deixe-me

162 APÊNDICE B

colocar isso da seguinte forma: indivíduos podem ficar tão rígidos, a ponto de parecer não mais tendo ideias, ou podem ficar tão livres e profusos no brotamento de ideias, chegando a uma condição patológica. Simultaneamente, as mesmas coisas parecem-me ser aplicáveis ao país, ou a qualquer organização. Não se pode escapar facilmente, e tomar o encargo de uma nova missão, caso permaneçamos membros de nossa organização. Por outro lado, pessoas externas não poderiam afirmar que são membros de nossa organização, para usar-nos com o intuito de obter um tipo de capa de respeitabilidade para ideias que são destas mesmas pessoas externas. Então, eis aqui o problema. O quão permeável somos para fazer este envelope do *self*, essa casca? Ou, retornando à expressão verbal Freudiana, o quão permeável pode ser o ego? Há pressões internas e externas. Em que extensão pode-se prover a capacitação de uma ideia para que adentre? Sente-se a necessidade de um tipo de tela de discernimento. Se fosse uma tela física, poder-se-ia tentar a invenção de algum tipo de filtro, que filtrasse aquilo que não se quer e capacitasse aquilo que se quer. Não sei como se faz isso quando se trata da mente.

Banet: Parece-me que o senhor considera seu trabalho, e especialmente seu livro, *Experiences in groups*, como mero começo. Muitos o consideram como definitivo.

Bion: Isso seria muito lamentável. O livro não se constitui como visão final; aconselho aqueles que trabalham com grupos que tornem este livro obsoleto no menor tempo possível.

Banet: Meu sentimento é de que vai levar um bom tempo para que o livro fique antiquado.

Bion: Tenho certeza da existência de alguma coisa básica, valiosa para ser mantida no *Experiences in groups*. Espero que estas coisas sejam verdadeiras. Caso contrário, estaríamos conduzindo as pessoas, pavimentando um gramado.[6] Espero haver algumas coisas ainda operativas nesse livro, mas seria ridículo permitir a operação rígida de alguma "Teoria de Bion", ao colocar restrições para o crescimento do indivíduo, e dos indivíduos que compõem um grupo.

Banet: Há poucos anos, surgiu popularidade para o Instituto A. K. Rice, junto com seus vários centros. Há mais pessoas indo a conferências sobre relações grupais e aprendendo sobre grupos e sobre a teoria que o senhor fez. Isso o gratifica?

Bion: Para mim, não faz muita diferença, em certo sentido, pois estou fora do trabalho com grupos e ainda trabalho muito com indivíduos. No entanto, com toda certeza, penso que o trabalho do Instituto é muito importante. Novamente, o Instituto Rice precisa se dar conta de que não vai ficar isento de nenhum dos problemas confrontando grandes organizações, como os Estados Unidos ou localidades, ou estados mais individualizados.

Banet: Fica submetido aos mesmos problemas.

---

6   *Garden path*, no original. Alguns leitores brasileiros têm a noção da importância emocional, para a população inglesa, especialmente das épocas vitorianas
e eduardianas, dos gramados. A qualidade da grama inglesa – diferente das
espécies de mato que passam por grama, em nosso país – foi proverbial, por
alguns séculos; não apenas na Grã-Bretanha, mas em toda a Europa, mesmo
que na Inglaterra persista ocupando um lugar ainda mais especial. Pavimentar
um gramado constituiria crime moral em alguns locais. A expressão verbal se
enriquece, no conteúdo, pelo fato de também incluir algo que no Brasil ficou
conhecido pela expressão popular "caminho das pedras": algo que constituiria
ameaça ao crescimento individual – uma atividade com fantasias pedagógicas
e de superioridade; algo que poderia ser sintetizado como tudo contra aquilo
que Bion tentou contribuir; como atesta essa mesma entrevista, entre todas as
outras obras desse autor. [N.T.]

164 APÊNDICE B

Bion: Aos mesmos problemas... Temos que obter regras, regulamentações. Pode-se, é claro, fazer leis mais novas para obter-se uma certa flexibilidade. Mas, infelizmente, é difícil para organizações e institutos ficarem flexíveis.

Banet: O senhor irá escrever algo mais a respeito de grupos?

Bion: Espero que sim. No entanto, o senhor sabe de uma das dificuldades de nossa época: encontrar tempo. No presente, permaneço profundamente comprometido com meu trabalho, voltado para indivíduos.

# Índice remissivo

Abraham, K., 63
*acting out*, 91
adolescência, 104-105
A. K. Rice, Instituto, 148, 163
alma, 12, 63, 82, 116, 139,
alucinações, 18, 72
amnésia, 10, 14
análise
   terceira parte na, 35-40
   selvagem, 51
analista como continente, 102
angústia
   vs. medo, 94
   livremente flutuante, 19
"arbitrium", 82
arte, comunicação através, 33, 49-53, 113-117
   *ver também* arte, música, pintura, poesia
articulada, linguagem, 26, 33, 36, 46, 115

articulado, discurso, 35, 38, 130
assassinatos políticos, 156

Bacon, F., "Da Verdade", 101
*Bhagavad Gita*, 55, 159
Banet, A. G. Jr., 141-164
Blanchot, M., 19, 48
   *L'Entretien Infini*, 19
Britânica, Sociedade Psicanalítica, 108
Brower, A., 103

cesura
   do nascimento, "impressionante", 23
Cézanne, P., 114, 115
Charcot, J. M., 16, 26, 86
Churchill, W., 116
comunicação, 117
   do analista, 30
   através da arte, 33, 50, 110, 112--117

166 ÍNDICE REMISSIVO

*ver também* arte, música, pintura, poesia
articulada, 26
através da música, 113
silenciosa, 50
verbal, 26, 39, 49-50, 77, 103, 112-113, 117
*ver também* linguagem, discurso
cisão, 16, 130
Confúcio, 80
conhecimento vs. sabedoria, 65
continente
analista como, 102
tempo como, 122
contratransferência, 14, 37, 41, 52, 99, 133-134
"cura", 14, 93
curiosidade, 19, 49, 58, 71

delírios, 18, 72
Descartes, R., 69, 100
desenho, comunicação via, 113-114
Donne, J. "O Segundo Aniversário", 80
dor, 14, 15, 66, 74, 81, 93, 133-134, 145, 149
mental, 66, 74, 93
discurso articulado, 35, 38, 130
drogas, 19

eclesiástico, 54
Eckhart, J., 159, 160
ego, 63, 82
destruição do, 159
permeabilidade do, 162
elementos alfa, 37
elementos beta, 37, 79
escrita, 125

escuta, sentido da (audição), 35, 48
espaço, 57, 79, 92-93, 123
astronômico, medo do, 46
mensuração do, 65
especulativa, razão: *ver* razão especulativa, 30, 37, 44, 48
especulativa, imaginação: *ver* imaginação especulativa, 30, 37, 44, 48
estado cataléptico, 86
Europeia, Sociedade Psicanalítica, 108
"eu" e "não-eu", experiências de, 65
experiências de tempos de guerra, 48, 55, 141-142

fantasia, onipotente, 36, 90
filosofia, 63
filosofia oriental, 158
fraternidade, 112, 137-139
Freud, S., 54, 101, 86
nascimento, cesura do, 23
sonhos, interpretação dos, 18, 37, 51
futuro de uma ilusão, 69
inibições, 157
comunicação internacional, 111
vs. Jung, 111
observação, insistência de Charcot sobre a, 28, 86
situação edípica, 36
paramnésias, 10, 16
"atenção relaxada", estado de, 39
especulação científica, 16, 30
sexo, papel do, 11
estruturação teórica, 63, 159
futuro de uma ilusão, 69

Galeno (Claudius Galenus), 115
Galileu, 69

WILFRED R. BION 167

Gênesis, livro do, 127
geometria algébrica projetiva, 100
geometria euclidiana, 100
Gide, A., 153
Gill, E., 121
gratidão, 130
Green, A., 19, 49
grade, 94
grupo(s)
 pressupostos básicos em, 148
 profissional como um detetive, 153
 grandes, 153-154
 processo, 147-148, 151
 conferências sobre relações, 163
 "pegar", 147
 terapia, 98

Harris, M., 61, 106
herança genética, 12, 29
Heyting, A., 103
Hugo, V., 153

id, 63, 82, 159
ideia(s), germinação de
 na relação analítica, 37-39, 45-46, 51
 no grupo, 42-43
 transmissão, 11
 selvagem, 50, 54-55, 58
idealização, 74
igualdade, 112, 137-139
iluminação, momentos de, em análise, 41-42, 48-50, 54, 70
ilusão, futuro de, 69
imaginação
 falta de capacidade de, 67, 86
 papel da, 30-31
 especulativa ver especulativa, imaginação

inconsciente, o, 147
indivíduo, casca do, 156, 161
inibições, 157
Instituto de Psicanálise, 62, 147
instituições, casca das, 154
Internacional, Sociedade Psicanalítica, 108
interpretação, 36, 38-39, 49, 86, 90-91, 110, 118, 156
 diagnóstico enquanto, 35
 dos sonhos, 37, 71
 verdadeira/correta, 30-31, 41, 134
Intuicionistas, 44, 77, 103
inveja, papel da, 130

Johnson, B., 159
Joyce, J.
 Finnegans wake, 59
Jung, C. G., 63, 101, 71, 75

Keynes, J. M., 44
Kipling, R.
 O elefante infante, 49
Klein, M., 19, 36, 45, 76, 90, 130, 147

Leonardo da Vinci, 50
liberdade, 112, 137, 139
linguagem, 110-111
 ambiguidade da, 159
 do analista, necessidade de precisão, 23, 65
 articulada, 26, 33, 36, 46, 115
 em grupos, 148
 do paciente, compreensão do analista, 35
 privada, 9, 147
 sinal, 159
livre-flutuante angústia, 19

# 168 ÍNDICE REMISSIVO

matemática, 44, 51, 63-64, 69, 81, 99, 103
   formal, 77, 103
Matte Blanco, 48
memória e desejo, livrando a mente de, 41
Mendel, G. J., herança mendeliana, 59, 118
Menin, Portão de, 58
mental
   dor, 66, 74, 93
   espaço, 91, 92
   pele, 159
Milton, J.
   "Lycidas", 42, 56
   *Paraíso Perdido*, 26, 50
mente
   vs. personalidade, 63-69
   casca da, 54
moda
   em ideias, 98
   vs. voga, 98
morais, impulsos, 127
moralidade, 19, 126
moral, sistema, 127-129
morte, 28
   consciência da morte, na vida militar, 141
Moisés, 101
mudança catastrófica, 92
música, 30-31, 38, 42, 48, 51-52, 82, 93, 112
   comunicação via, 35, 38, 57, 113-114

nações, casca das, 155
nascimento, impressionante cesura, 23
neurótico(s), paciente(s), 98

Newton, 69
Northfield, Experimento, 13-14, 22, 43, 45
Nuremberg, Comícios, 54, 55

O, 53
objeto transicional, 14
observação
   grupo, 14
   papel da, 13, 21, 62, 94, 157
   importância da, 21, 62-63
ocupacional, neurose do analista, 28
odor, sentido do, 16, 151, 153
   e sensibilidade, 95
onipotência, 36, 46, 123
   fantasias, 36, 90
onisciência, 36, 46
organizações, casca nas, 144, 154-157, 159, 161-162,

pecado original, 126
pintura, 30, 125
   comunicação via, 35, 38, 49-50, 66, 98, 113-115
   dos pacientes, 49-53
   representação do caráter na, 117
paramnésias, 10, 16
Pascal, B., 57
Péguy, C. P.
   *Basic verities*, 112, 137
pensar/pensamento(s), 14, 49, 78, 158
   bloqueio do, 125-126
   capacidade para, humana, 77
   claramente, 75
   defeitos no, 126
   tempo, tempo em grupo, 109-110
   selvagem, 59, 79

# WILFRED R. BION 169

pensamento matemático, 51, 69, 103
personalidade, 82
  vs. mente, 63-69
Picasso, 18, 98
Platão, 113, 160
pressupostos básicos, 148
  no processo do grupo, 147-148, 151
processo interno, 159-160
protomental, aparelho, 79
psicanálise, trauma da, 9
psicanalítica, teoria, 65, 126
pacientes psicóticos, 98

Rafael, 115
Rathbone, B., 152
razão, especulativa *ver* especulativa razão
realidade, experiência de, 74
relaxada, atenção, analista em estado de, 39
resistência, ver através da, 99
Rice, A. K., 148
  Instituto A. K. Rice, 163
Rickman, J., 12, 43, 147
Rioch, M., 145
ruído, 110
  ensurdecedor, bombardeamento, 30, 35, 46
  teorias, como, 38-39, 65

sabedoria vs. conhecimento, 65
saúde, enquanto algo normal, 146
Schopenhauer, A., 104
*self*
  casca do, 159
  indesejada, 90-91
selvagem, psicanálise, 41,
selvagens, ideias, 44-45, 48

selvagens, pensamentos, 48, 63
sentido(s), 42-43, 66, 152
  do analista, evidenciando, 34
  odor, 16, 95-96, 107, 151
  ouvindo, 54, 64
  visão e capacidade ocular, 35, 54, 64
  tato, 54, 159
sexo, 37, 82, 93, 161
  significado da palavra, 27
  papel do, 11
Shakespeare, W., 12, 41-42, 70, 72--73, 131
  *Hamlet*, 55
  *Júlio César*, 41
  *Macbeth*, 29, 41, 42, 70
  *Noite de Reis*, 41
silêncio, papel do, 47, 112-113
social, convulsão, 123
Sociedade de Jesus, 82
Sócrates, 113, 160
  *Fedro*, 160
Soljenítsin, A., 18
sonho(s), 51, 122
  interpretação de, 36, 71
  ausência de, 86
  função, 18
Stekel, W., 63, 104
suicídio, 91-92, 156
superalma, 63, 82
superego, 63, 82, 126
  cruel, 159
Sutherland, G., 116

tempo, 18-19, 109
  como recipiente, 122
  intolerância ao, 122-123
  mensuração do, 27

## 170 ÍNDICE REMISSIVO

Tolstói, L.
  *Guerra e Paz*, 40
tato, sentido do, 54, 159
Torre de Babel, 127
transferência, 37, 41, 52, 133-134
  relacionamento, 14

Valéry, P., 51
verdade, 31, 40, 68, 77, 87-88, 101-102, 111, 125-126, 131
  caminho psicanalítico para a, 125
vício em psicanálise, 120

Virgílio
  *Eneida*, 156
visão, 18
  sentido da, 54
  uso feito pelo analista, 33
visão binocular, 39
voga vs. moda, 98

Watts, L.
  salmos, 122
Waugh, E., 144
Winnicott, D. W., 14